Heinrich Preschers

Manifest aller Völker gegen die französische Revolution

Heinrich Preschers

Manifest aller Völker gegen die französische Revolution

ISBN/EAN: 9783744703420

Hergestellt in Europa, USA, Kanada, Australien, Japan

Cover: Foto ©ninafisch / pixelio.de

Weitere Bücher finden Sie auf **www.hansebooks.com**

Manifest

aller Völker

gegen die

Französische Revolution,

von

einem ausgewanderten Franzosen.

Mit

Anmerkungen

des Teutschen Uibersetzers.

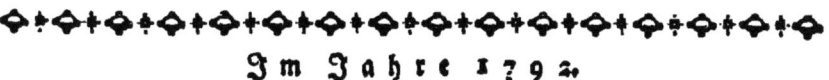

Im Jahre 1792.

Manifest
gegen die Französische Revolution.

Seine Majestät der Kaiser, und Seine Majestät der König von Preussen haben zwar bey dem Anfange eines Krieges, zu welchem Dieselben durch den ungerechten und eigenmächtigsten Angriff, und durch die dringendste Nothwendigkeit der Umstände gezwungen wurden, einzeln und für sich die besonderen Beweggründe ihres Verfahrens bekannt gemacht. Allein da Beyde Majestäten bey diesem Schritte durch das geheiligte Wohl der Menschheit beseelet wurden, ist es nicht hinlänglich, daß Dieselben die politischen Kabinette von den Umständen unterrichteten, welche Ihnen die Verbindlichkeit auflegten, den Weg der Waffen zu ergreifen, sondern es liegt Ihrem Ruhme, und dem Glücke Ihrer getreuen Unterthanen wesentlich daran, alle Völker der Erde über die Natur, die Ursachen und Wirkungen der Französischen Revolution aufzuklären, und sowohl dem gegenwärtigen Zeitalter, als der Nachwelt Ihre Beweggründe, Ihre Absichten, Ihre persönliche Uneigennützigkeit durch ein öffentliches Manifest darzustellen.

Da zugleich Ihro Majestäten bloß darum die Waffen ergriffen, um die gesellschaftliche und politische Ordnung aller gesitteten Völker von dem Untergange zu retten, und jedem Staate seine Religion, seinen Wohlstand, seine Unabhängigkeit, seinen Umfang und seine Hoheitsrechte, seine wahre Verfassung zu versichern, darf die Welt mit Zuversicht erwarten, daß Ihre Majestäten in diesem Kriege der allgemeinen Sicherheit durch den Gebrauch der Kräfte,

wel-

welche die Vorsicht Ihren Händen anvertraute, die Menschheit über die Uibel, die sonst der Krieg mit sich brachte, und über das Blut trösten werden, dessen Vergiessung die Störer der öffentlichen Ruhe vielleicht nöthig machen dürften. Diese schöne Hoffnung bewog bereits Ihre Majestäten, allen Völkern und allen Privatpersonen das große Beyspiel zu geben, Ihre vorigen Mißverständnisse, und besonderen Verhältnisse und Vortheile beym Anblicke der gemeinschaftlichen Gefahr zu vergessen, und das allgemeine Wohl der Menschheit, welches, so lange historische Nachrichten reichen, noch niemahls seinem Umsturze so nahe war, 1) zum einzigen Gegenstande Ihrer väterlichen Sorgfalt zu machen. Mit Recht glaubten Ihre Majestäten, daß in diesem kritischen Zeitpuncte alle Interessen, alle Reiche, alle Staaten sich vereinigen müßten, und daß alle Souveraine durch das allgemeine Wohl der Menschheit, welches die Vorsicht ihrem Schutze besonders anvertraute, verbunden wären, aufzustehen, und ihre ganze Macht anzuwenden, um eine zahlreiche Nation ihrer eigenen tollen Wuth zu entreissen, das menschliche Geschlecht von dem Rückfalle in die Barbarey zu bewahren, und die Welt gegen die gänzliche Auflösung der gesellschaftlichen Bande sicher zu stellen, von welcher dieselbe bedrohet wird. 2)

Ob-

---

1) Dieser Satz ist leider nur zu wahr. Alle anderen bekannten Revolutionen in Griechenland, Rom, Italien, Holland, England, ja selbst jene von Frankreich im J. 1356 schränkten sich auf weit kleinere Bezirke, oder wenigst auf ihr eignes Land ein. Aber die gegenwärtigen franz. Rebellen begnügen sich nicht die moralische, religiöse und bürgerliche Verfassung ihres Landes umzustürzen, und das Reich, welches einst wegen der Gefälligkeit seiner Sitten, und des sanften Characters seiner Bewohner als der Sitz der Cultur betrachtet ward, in eine Mördergrube, und in den Aufenthalt der Cannibalen zu verwandeln. Durch die Allgemeinheit der Französischen Sprache aufgemuntert, dehnen sie ihre unsinnigen Entwürfe auf alle Völker des Erdbodens aus, sprechen öffentlich in ihren Versammlungen von einer Universalnation und einem Universalreiche, und suchen durch ihre Declamationen, aufrührische Schriften und geheime Kunstgriffe den Geist der Empörung überall anzufachen, und unter dem Scheine der Freyheit jedes gesetzmäßige Ansehen zu zerstören, um die Herrschaft der Zügellosigkeit und des Lasters auszubreiten.

2) Da durch das Jacobinische Ministerium die Diplomatie in Frankreich eine ganz neue Wendung genommen, ist es freylich nicht länger befremdend, daß

eben

Obgleich die französische Revolution leider nur zu bekannt ist, muß doch ein Manifest gegen dieselbe die vorzüglichsten Ereignisse treu darstellen, und die bloße Anführung der Thatsachen kann jeden Leser in den Stand setzen, den grossen Streit zu entscheiden, welchen nun alle Nationen und Völker gegen die Störer der allgemeinen Sicherheit zu führen haben. ‑

Seit vier Jahren betrachtet Europa mit Aufmerksamkeit, mit Erstaunen, mit täglich wachsendem Unwillen eine Revolution, welche Frankreich unterdrückt, und einen mächtigen König in empörenden Fesseln hält, der die Liebe

A 3   seiner

---

eben die Demagogen, welche, ihrem eigenen lauten Geständnisse nach, alle Triebfedern der Verführung und der Bestechung in Bewegung setzten, um ihre zerstörenden Grundsätze überall einzuführen, die friedlichen Vorkehrungen der Souveraine in ihren eigenen Landen zur Abwendung derselben, als einen Beweis feindseliger Gesinnungen aufstellten, und nun den gegenwärtigen Krieg, welchen sie durch den ungerechten Einfall in die Niederlande selbst anfiengen, mit den Creutzzügen des Mittelalters vergleichen, und als eine Fehde der Könige gegen die Freyheit erklären wollen. Welche Aehnlichkeit hat wohl Nothwehr mit Rächung entfernter, und zum Theil übertriebener Beleidigungen, ein regelmässiges, und gut disciplinirtes Heer mit zusammengerafften unkriegerischen Haufen, die Erhaltung des nöthigen Gleichgewichtes in Europa mit unausführbaren Eroberungsentwürfen in Asien oder Africa? Ist denn das Gefühl der Neufranken so ganz stumpf geworden, daß sie nicht einmal ahnen, daß die Vergleichung vollkommen gegen sie selbst gewendet werden könne? Wir finden bey ihnen die politische Schwärmerey in weit stärkerem Grade, als jemahls religiöse, einzelne Rotten ohne ordentliche Waffen, ohne Zucht, ohne Anerkennung eines Oberbefehls, wie unter Gautier sansavoir, eine und dieselbe, Eroberungssucht, als unter den Altfränkischen Abentheuren, und eben so gewaltsame Predigten der Anarchie, wie vormahls die Bekehrung der Heiden durch das Schwerdt. Und dann vollends eine Fehde der Könige gegen die Freyheit, als wenn die Freyheit eines Landes so anlockend wäre, wo Niemand anders handeln, reden, denken darf, als es der herrschenden Parthey gefällt, Sicherheit der Personen und des Eigenthumes unbekannte Dinge sind, der Mordstahl der Banditen täglich gezückt ist, und alles dem Joche veränderlicher, und durch Wuth, Tollheit und Privatinteresse erpreßter Gesetze unterworfen ist?

seiner Unterthanen, die Achtung, die Theilnahme, die Freundschaft aller Souveraine in so vollem Maße verdienet. 1)

Es

---

1) Man würde über die ungerechten Urtheile, die gewöhnlich über Ludwig 16. geschöpft werden, billig erstaunen müssen, wenn er nicht ein König, und noch dazu ein unglücklicher König wäre. Noch als Dauphin erregte er durch seine Wißbegierde die größten Hoffnungen, und theilte durch seine Herablassung mit Marien Antonien die Liebe einer Nation, welche in Ganzem betrachtet, ihren Beherrschern von jeher eine so große Anhänglichkeit bewies. Der Antritt seiner Regierung wurde in Frankreich als der Anfang eines goldenen Zeitalters betrachtet. Die erste Ausübung der königlichen Würde war die Nachlassung zweyer Steuern: la Joyeuse Entrée, und la ceinture de la Reine, die von jeher einem neuen Monarchen entrichtet wurden. Die Minister, welche bey der Nation verhaßt waren, wurden entlassen, der Graf von Maurepas, und die Parlamente zurückberufen, die Verwaltung der Finanzen dem tugendhaften Turgot anvertrauet. Als der Neid Turgot entfernte, erhielt Necker, welcher noch mehr zu versprechen schien, dessen Stelle, und Ludwig 16. arbeitete unermüdet an dem Glücke seines Volkes. Der Amerikanische Krieg unterbrach die Herstellung der Finanzen, allein er war der Wunsch der Nation, und der König gab nach. So rühmlich das Ende desselben für Frankreich war, ist doch dieser die eigentliche Quelle aller Unglücksfälle des Reiches. Die Finanzen kamen in gänzliche Unordnung: Necker half nur durch augenblickliche Mittel, und erschwerte die öffentliche Last. Necker ward endlich das Opfer seiner Eitelkeit, die Wahl späterer Minister war nicht glücklicher, und die Hartnäckigkeit der Parlamente vermehrte das Uebel. Wenn der König in seine eigenen Einsichten mehr Zuversicht gesetzt, würde er vielleicht dieselben zum Theile abgewendet haben. Dieses beweisen die Gegenwart des Geistes, welche er bey den ausserordentlichen Unglücksfällen immer beybehielt, die verschiedenen Aufsätze, die er eigenhändig über Polizeygegenstände, und über die Entdeckungsreise des Grafen von Peyrouse entwarf, die verschiedenen gründlichen Bemerkungen, welche er theils auf der Stelle, theils schriftlich bey den Versammlungen machte, und die in einem so herzlichen Tone abgefaßt waren, daß sie nur einen König zum Urheber haben konnten, der sein unberathenes Volk so zärtlich liebt, wie Ludwig 16. Allein theils durch Mißtrauen auf sich selbst, theils durch die eingeführte Etiquette geleitet, nahm er zu fremden Rathschlägen seine Zuflucht, berufte die Notables, nahm Necker wieder in das Ministerium, und ließ sich von diesem zweydeutigen Manne allgemeine Stände und das doppelte Repräsentationsrecht des Bürgerstandes ab-

Es ist weltbekannt, daß der allerchristlichste König von Anbeginn seiner
Regierung an, sich auf alle mögliche Weise bemühet habe, seine väterliche
Zuneigung für die Unterthanen, seine Liebe für die Gerechtigkeit, seinen stand-
haften und ernstlichsten Wunsch zur Wiederherstellung der Finanzen, und zur
Befriedigung der Staatsgläubiger an Tag zu legen. Er kannte kein größeres
Vergnügen, als durch persönliche Aufopferungen die Last seines Volkes zu er-
leichtern. 1) Bey der Wahl seiner Minister folgte er ganz allein der öffentlichen Meinung, und hielt mit derselben gleichen Schritt. 2) Seine ganze Beschäftigung bestand darin, die Bürde seiner Unterthanen zu vermindern,

ihren

———————

ablocken, weil er in beyden Vorschlägen den Wunsch der Nation zu lesen
glaubte. Erst als der dritte Stand die ganze uralte Grundverfassung eigenmächtig über den Haufen warf, erlaubte er sich auf den bisher in der Monarchie hergebrachten, und niemahl als widerrechtlich angesehenen Wegen einigen Widerstand. Allein dieser konnte nicht von Wirkung seyn, da er alle
gewaltsame Mittel gegen sein Volk verabscheute, und jede Blutvergießung auf
das strengste untersagte. Wenn daher der Aufstand von Paris, die Morde
nacht von Versailles vom 5 — 6 October, seine Gefangennehmung zu Varennes, und der letzte schändliche Auftritt vom 10ten August dieses Jahres
nicht hintertrieben wurden, wird freylich die kaltblütige Vernunft wünschen, daß
Ludwig XVI. sich zu strengern und zweckmäßigern Maasregeln entschloßen,
hätte. Aber wer kann ihm das Uebermaas der Liebe zum Verbrechen machen
oder wer, der nur einigermaßen mit dem Gang der Französischen Revolution
bekannt ist, und gesehen hat, wie kaltblütig Ludwig XVI. sich den größten
Gefahren aussetzte, wie wenig selbst die gezückten Mordgewehre ihm Furcht
einjagten, kann nur versucht werden, eine andere Triebfeder seines Betragens
zu vermuthen, als eine gränzenlose Zuneigung zu seinem Volke, dessen Zu-
friedenheit ihm selbst durch die Aufopferung seiner königlichen Vorrechte nicht
theuer genug erkauft zu werden schien?

1) Neckers Werke über die Finanzen und sowohl seine, als anderer Finanzmi-
nister den Notables, und der constituirenden Nationalversammlung vorgeleg-
ten Aufsätze enthalten das schönste Denkmahl, daß niemahls eine Einschrän-
kung dem Könige oder der Königinn vorgelegt worden, welche denselben zu
lästig gewesen wäre. Und als durch die kurzsichtigen Verfügungen der constituirenden Nationalversammlung die Unordnung der Finanzen noch höher stieg,
und der öffentliche Schatz seine Zahlungen einstellen mußte, waren der König
und die Königinn die ersten, welche ihr Silbergeschirr in die Münze schickten,

2) Maurepas, Turgot, Necker, endlich gar Jacobiner!

ihren Wohlstand zu vermehren, die Wünsche der Nation zu kennen, und zu befriedigen. 1) Wenn er fehlte, geschah es um seines Volkes willen, das durch ähnliche Gründe hintergangen ward, und von dessen Wünschen er sich nicht trennen wollte. Selbst wenn er mehr der Stimme seines Herzens, als der Strenge der Gerechtigkeit Gehör gab, und gemachte Fehler geheim hielt, leitete ihn bloß die Hoffnung, dieselben verbessert zu sehen, ohne strafen zu müssen. Die schwärzeste Verläumdung hat sich nicht erdreustet, den persönlichen Character Ludwigs XVI. verdächtig zu machen, und die zügellosesten Parthepen, welche sich sogar erfrechen, denselben seiner obersten Gewalt zu berauben, und die Ehrfurcht gegen dessen Person zu verletzen, verstummten vor der königlichen Redlichkeit. 2)

Ob

---

1) Selbst Mirabau ließ mitten im Aufruhr' dem Könige darüber Gerechtigkeit widerfahren. Man sehe dessen Schreiben von Marseille an den Commandanten der Provinz, Grafen von Caraman.

2) Auch hier gelang es endlich der Rotte von Bösewichtern und Schwärmern, welche sich zu Frankreichs Untergang verschwuren, die Gesinnungen des großen, unwißenden, wankelmüthigen u. undankbaren Haufens, das Volk genannt, umzustimmen. Schon die Demagogen der constituirenden Nationalversammlung gaben sich alle Mühe, das königliche Ansehen herabzusetzen, welches ihren zerstörenden Entwürfen so sehr im Wege stand. Sie verwandelten die Monarchie in ein bloßes Schattenbild, und suchten planmäßig durch die Auftritte vom 5—6. October, durch die Anhaltung des Königs bey seiner Reise nach St. Cloud, durch die Anweisung des Ranges nach ihrem Präsidenten, durch die Suspension seiner Gewalt, durch die schimpfliche Zurückbringung desselben nach Paris, den alten Glanz der Majestät in den Augen des Volkes auszulöschen. Die zwepte, oder die sogenannte gesetzgebende Nationalversammlung bildete sich größtentheils unter dem Einfluße der Jacobiner, der geschwornen Feinde der Könige, und zeichnete sich schon in den ersten Sitzungen durch Beleidigung des Thrones aus. Allein das persönliche Zutrauen auf Ludwig XVI. war noch so groß, daß der Pöbel selbst sein Mißvergnügen bezeigte, und die Versammlung ihre Decrete zurücknehmen mußte. Daher kehrte nun die Jacobinische Parthep alle ihre Waffen gegen den guten Ruf des Königs: ihre Schreper in der Versammlung hörten nicht auf, die vollstreckende Gewalt verdächtig zu machen, die Schandschriften gegen den König und die Königinn wurden mit lautem Bepfallklatschen, und den Ehren der Sitzung belohnet. Man erfand einen Oesterreichischen Ausschuß, und schrie über Verrätherep,

als

Ob derselbe gleich fruchtlos alle Mittel erschöpfte, die man ihm vorleg-
te, um Unterthanen glücklicher zu machen, und die Masse der Staatsschul-

als Plane bekannt geworden, welche vierzehn Tage vor ihrer Ausführung in
allen Europäischen Zeitungen standen. Da aber die eigentliche Bürgerschaft,
da die Nationalgarden von Paris selbst auf der Seite des Königs, und des
Gesetzes standen: da ungeachtet der Versuche Pethions und Manuels die
Frohnleichnamsprocession zeigte, daß die alte Religion noch zahlreiche Anhänger habe, brachte man die Decrete gegen die ungeschwornen Priester und das
Lager der Bundesgenossen unter den Mauern von Paris in Vorschlag. Als
der König die Entwürfe der Verschwornen übersah, und von den bessern Bür-
gern selbst aufgefodert, diesen Decreten seine Genehmigung versagte, und zugleich die Ankunft der vereinigten Heere dem Reiche des Fanatismus ein Ende
zu machen drohte, beschlossen die Rottirer das äußerste zu wagen. Sie be-
schuldigten den König öffentlich der Gegenrevolution, und suchten ihn mit gewaffneter Hand zu zwingen, ihren Wunsch zu erfüllen. Die Standhaftigkeit
des Königs schien zwar ihre Absichten zu vereiteln, aber der Tag vom 20. Junius war nur das Vorspiel des Ausbruches der höllischen Beschwörung, und
die Häupter derselben scheinen bloß versucht zu haben, wie weit ihre Kräfte
reichen würden. Der laute Unwille der Gutgesinnten konnte sie nicht zurück-
schrecken, da diese muthlos ihren guten König ohne Widerstand hatten mißhandeln lassen. Sie entfernten die Linientruppen, und einen Theil der treuen
Schweizer, nachdem sie schon vorläufig die constitutionsmäßige Garde des
Königs entwaffnet hatten, zogen die Banditen von Marseille nach Paris, er-
kauften den Pöbel der Vorstädte, der zum Rauben und Morden bereite ge-
übet war, sprachen von gewaltsamen Maaßregeln des Hofes, und einem feindseligen
Angriffe der Schweizer, während der König wehrlos mit seiner Familie
in den Saal der Versammlung flüchtete, und ein Theil der Schweizer
erst als sie von der wüthenden Menge angefallen wurden sich zu einiger Gegenwehr setzte, ermordeten die Garden und treuen Diener des Königs, plünderten den Pallast, und verwandelten einen Theil davon mit Brandfackeln in
einen Schutthaufen. Die höchst strafbare Minorität der Versammlung,
welche mit in die Verschwörung gezogen ward, suspendirte den König gegen
den klaren Sinn der Constitution ohne Beweise auf die Anklage von Meuchel-
mördern und Mordbrennern, setzte eigenmächtig eine Reichsverwesung nieder,
und rechtfertigte diese unerhörte Schritte mit einigen Schriften, welche man
bey der Plünderung in den Tuillerien gefunden haben will. Ohne zu bemerken, daß später aufgefundene Schriften nicht der Beweggrund eines vorher-

gegan-

den zu vermindern, ob er sich gleich in der Wahl seiner Minister unglücklich, in allen seinen Erwartungen getäuscht sah, obgleich unvermuthete Ereignisse seine väterliche Absichten erschwerten I), gab er doch seine wohlthätigen Entwürfe nicht auf. Die Königinn 2), die ganze königliche Familie gaben seinem

gegangenen Urtheils seyn können, und daß eine Gesellschaft, welche sich so gewaltsame Mittel zu erlauben pflegt, wohl auch nützliche Verfälschungen versuchen kann, ist doch unter den von der Versammlung bekannt gemachten Actenstücken kein einziges, welches den König oder die Königinn unmittelbar beträfe, und auf ihren Character nur den entferntesten Schatten werfen könnte. Man müßte es denn dem Monarchen zum Verbrechen machen, daß er den alten Gardes du Corps, die ihm und seiner Familie in der schrecklichen Nacht vom 5 — 6. October durch eine heldenmäßige Aufopferung das Leben gerettet, ihren ehemahligen Gehalt aus seinen eigenen Einkünften fortsetzte, oder so sehr Jacobiner seyn, einen Hochverrath zu finden, wenn der Monarch seine Minister und andere Männer, die er seines Vertrauens würdig hält, zu Rathe zieht, auf welche Art ihm die Constitution selbst Mittel an die Hand gebe, ihren Umsturz gegen die gewaltsamen Ränke der Rottirer aufzuhalten, und wenn er sich hie und da der Preßfreiheit als eines Gegenmittels bediente, um die Gährung, welche die Clubs durch unzählige Brochüren unterhielten, zu stillen, und das Volk vor dem Abgrunde zu warnen, welchen ihm seine falschen Freunde bereiteten: oder so sehr unwissend, um ein Handschreiben der Kaiserinn Königinn Maria Theresia mit jenem ihrer Tochter, und bereits todte Anempfohlene mit noch lebenden Emigranten zu verwechseln. Vielmehr sind gerade diese Actenstücke der offenbarste Beweis für die Unschuld und Redlichkeit des Hofes, da eine Versammlung, welche ihre Wuth gegen jedes gesetzmäßige Ansehen so sehr an Tag legte, und sich banditenmäßig der Papiere ihres Königs bemächtigte, um ihn zu vernichten, es nicht wagte, davon Gebrauch zu machen, und ein ordentliches Urtheil dem neuen Nationalconvente übergeben.

I) Der Americanische Krieg, Mißwachs, Viehfall.

2) Diese erhabene Fürstinn, die wegen ihrer Schönheit, ihrer Geistesgaben, ihrer Herablassung, ihrer menschenfreundlichen und wohlthätigen Gesinnungen, ihrer beispiellosen Anhänglichkeit für einen unglücklichen Gemahl, und ihrer unerschütterlichen Standhaftigkeit mitten unter Mordgewehren und Brandfackeln die allgemeine Achtung, Bewunderung, Liebe der ganzen gesitteten Welt mit so vielem Rechte verdienet, hat sich ihre Feinde in Frankreich, und die heftigen Anfälle, welche zügellose Frechheit gegen Sie gemacht, nicht durch irgend

feinem Muthe neue Stärke, so wenig er einer Anfeuerung bedurfte, um den einzigen Gegenstand seiner Wünsche, die einzige Leidenschaft seines Herzens, die Beförderung der Glückseligkeit seines Volkes, rastlos zu verfolgen. Da er in den Notables jene Unterstützung nicht fand, welche er erwartete, berief er die allgemeinen Stände 1). In diesen drey Ständen wollte er alle

B 2

feine

_____

gend eine persönliche Veranlassung, sondern bloß durch ihre Oesterreichische Abkunft, und durch ihre Anhänglichkeit an das Haus, und an die Nation, aus welchen sie hervorgegangen, zugezogen! Das Glück des Hauses Habsburg-Oesterreich in Erwerbung der Burgundischen und Spanischen Provinzen hatte die Eifersucht des Französischen Hofes Jahrhunderte lang erregt, und die blutigen Kriege, welche diese Eifersucht veranlaßte, gründeten eine Art von Nationalhaß, welchen selbst der zum Glücke beyder Staaten im Jahre 1756 geschlossene Bund nicht tilgen konnte. Die Französische Lebhaftigkeit vergaß zu bemerken, daß die steigende Macht von Oesterreich nicht das Werk eines fremden Einflusses, sondern einer besser organisirten Verfassung ist, schrieb die glücklichen Ereignisse der Unterstützung der Königinn zu, obgleich das Französische Kabinet den alten Grundsätzen getreu blieb, sprach von Millionen, die Marie Antonie ihrem großen Bruder geschickt haben soll, welche Verläumdung aber die Eröffnung des rothen Buches sehr auffallend zu Schanden machte. Als der Schwindelgeist der Revolution die Köpfe berückte, und die Factionen des Hauses Orleans und der Rasenden, so verschieden auch ihre Entwürfe waren, doch über den verrätherischen Plan einig wurden, die regierende Linie des Thrones zu berauben, stand ihrem unnatürlichen Vorhaben von neuem die Schweiler Josephs und Leopolds, d e Tante Franzens, entgegen, und Marie Antonie und Oesterreich wurden der Gegenstand der Verläumdung und des Hasses aller Rottirer.

1) Konten Notables, allgemeine Stände, Nationalversammlungen, und Convente für Frankreich etwas wahrhaft Nützliches leisten? Der Verfasser des Observations reflechies sur les Observations rapides sur la lettre de Calonne au Roi, der ein sachkundiger, und unpartheyischer Mann zu seyn scheint, macht über die Gesetzgebungswuth seiner Landsleute folgende treffende Bemerkung: „Lasset uns einmahl gerecht und aufrichtig seyn! Ist es nicht ein „wenig ungereimt, Männer zu Gesetzgebern zu machen, welche größtentheils „das Königreich nicht kennen, über dessen Schicksal sie entscheiden wollen. „Sammeln wir einmahl die Stimmen der Leute aus den Provinzen, oder „der Schriftsteller, welche von dem Gange der Dinge unterrichtet sind. „Sie werden alle darin übereinkommen, daß die vorläufigen Versammlungen „sehr

seine Unterthanen um sich her versammeln, um von denselben selbst zu verneh-
men, durch welche Mittel er sie endlich glücklich machen könnte 1). Seine
Aengstlichkeit, den allgemeinen Wunsch der Nation zu kennen, erstreckte sich
bis zu den Förmlichkeiten, und um ja seinem Volke nicht vorzugreiffen, gab
er sich alle mögliche Mühe, die öffentliche Meinung bestimmt inne zu werden,
wie die allgemeinen Stände zweckmäßig zusammenberufen werden könnten 2).
Er sah sich endlich durch einen Zusammenfluß widriger Umstände, vor welchen ihn weder seine Herzensgüte, noch seine großmüthige Aufrichtigkeit schützen
konnte, gezwungen, von der alten Form, nach welcher seine Vorfahren die allgemeinen Stände einberufen hatten, abzuweichen 3). Er unterschrieb arglos die
Ein-

„sehr wenig Einsicht verriethen: daß die einzelnen Repräsentanten kein festes
„System hatten, weil sie nicht genug aufgekläret sind: daß es den meisten so
„gar an Muth fehlt, ihre Meinung zu sagen, weil ihnen weder ihre Rechte
„und Kräfte, noch ihre Pflichten hinlänglich bekannt sind. Zwey Jahre vor
„der sogenannten Revolution dachte kein Mensch an alle die Entwürfe, welche
„gegenwärtig die Köpfe verwirren. Seit dieser Epoche herrschte eine beständ-
„dige Gährung. Die Zeiten der Unordnung waren nie die Periode eines gründ-
„lichen Unterrichtes. Oder sollen etwa aus dem Schooße stürmischer Provin-
„zen, die Solonen und Lykurgus hervorgehen? Und wachsen die Gesetzgeber
„wie die Pilzen aus der Erde? risum teneatis amici!"

1) Er berief selbst die Notables von neuem, und ließ ihnen durch Necker die
   Frage in ihrem ganzen Umfange vorlegen. Rede des Herrn Necker bey der
   Versammlung der Notables am 6. November 1788.
2) Resultat des Staatsraths vom 27. November 1788. Einberufungsschreiben der Stände an die Großvögte (Granus Bayllis). Obgleich die Mehrheit
   der Notables, die Parlamente, die Pairs des Reiches, für die Form von
   1614 stimmten.
3) Der Verfasser scheint als erwiesen voraus zu setzen, daß Herr Necker die zahllosen Broschüren bezahlte, welche Frankreich überschwemmten, und die Ansprüche des Mittelstandes auffoderten, daß er eigene Leute in die Provinzen schickte
   um die Köpfe zu erhitzen, daß er die heftigen Adressen selbst aufsetzte, welche
   einige Gemeinden dem Könige übergaben, daß die zweydeutigen Ausdrücke der
   von ihm verfaßten königlichen Einberufungsschreiben planmäßig waren, und
   daß er wirklich die Absicht hatte, den republikanischen Geist über die Monarchie, und den Calvinismus über die katholische Religion triumphiren zu lassen. Aber auch Neckers wärmste Freunde müssen gestehen, daß dessen Rede
   vom

Einberufungsschreiben, welche mit einer tiefen und hinterlistigen Politik entworfen waren, sein oberstes Ansehen in Gefahr setzten, und den Zweck zu haben schienen, das Feuer der Zwietracht anzufachen, und unmerklich den Samen des Aufruhrs zu verbreiten 1). Unter diesen unglücklichen Vorbedeutungen nahm die Versammlung der allgemeinen Stände ihren Anfang, und einer der besten Könige, deren sich Frankreich rühmen kann, sagte dieser damahls noch so ehrwürdigen, und in kurzem so sträflichen Versammlung jene unvergeßlichen Worte, welche jeder Souverain, der von ähnlichen Gesinnungen durchdrungen ist, mit Vergnügen wiederholen wird:

„Alles, was man von der zärtlichsten Theilnahme an dem öffentlichen Wohle erwarten darf, alles, was man von einem Könige, der der erste Freund seines Volkes seyn will, fordern kann, dürfen, sollen Sie von meinen Gesinnungen mit Zuversicht erwarten.“

Kaum waren diese merkwürdigen Worte ausgesprochen, welche die verirrtesten, und feindseligsten Gemüther zurück bringen könnten, und die einen noch weit stärkern Eindruck auf ein von seinem Könige mit Wohlthaten überhäuftes Volk hätten machen sollen, ward von allen Seiten das Loszeichen zum Aufruhr gegeben. Einer der drey Stände 2), welcher eine au-

B 3   gen-

---

vom 6. November an die Notables und der Ton der Einberufungsschreiben weit mehr gemacht waren, die Gährung zu vermehren, als dieselbe zu stillen, daß die Verdopplung der Stimmen des dritten Standes in so stürmischen Zeiten nothwendig der Verfassung gefährlich werden mußte, und daß endlich bey den spätern Auftritten Necker weit mehr auf seine Selbstsucht, als auf die Würde seines Amtes, und das Interesse des Königs, der Crone und der Nation Rücksicht genommen.

1) Rede des Königs bey Eröffnung der Versammlung der allgemeinen Stände den 5. May 1789.

2) Der dritte Stand in Frankreich hat seine ganze Existenz dem Capetingischen Hause, und dessen Zweigen Valois und Bourbon zu verdanken. Als der gegenwärtige Königsstamm auf den Thron erhoben ward, befand sich der ganze dritte Stand in der Dienstbarkeit des Adels, und der Clerisey. Die Capetingischen Könige wendeten ihr ganzes Ansehen an, um die Gemeinen nach und nach von den Fesseln der Leibeigenschaft zu befreyen, sammelten sie in Städte, gaben ihnen Stadtrechte und Freyheiten, und näherten dieselben so sehr den zwey obern Classen, daß Philipp der Schöne sie in dem Jahre 1303

als

genblickliche Gunſtbezeugung als ein rechtskräftiges Befugniß geltend machte, und ſein doppeltes Repräſentationsrecht, das ihm von dem Monarchen blos

---

als einen weſentlichen Beſtandtheil der Nation in die Verſammlung der allgemeinen Stände einführte. So eifrig der dritte Stand anfangs die Unabhängigkeit der Crone gegen die Anmaſſungen Bonifacius VIII. vertheidigte, ſo bald vergaß er die Pflichten und Verbindlichkeiten, welche er der regierenden Familie ſchuldig war, und noch das XIV. Jahrhundert ſah eine durch den dritten Stand bewirkte Revolution, welche mit der gegenwärtigen auffallende Züge von Aehnlichkeit hat. Schon bey der Zuſammenkunft der allgemeinen Stände im J. 1355 zu Paris zeichnete ſich das Oberhaupt des dritten Standes, Stephan Marcel, Maire von Paris, durch kühne Forderungen aus, und K. Johann der Gute, der zur Fortſetzung des Krieges gegen Eduard III. und England bey ſeinen erſchöpften Finanzen den Beyſtand der allgemeinen Stände nöthig hatte, mußte alles bewilligen, was man von ihm forderte. Als der König in der Schlacht bey Poitiers von dem ſchwarzen Prinzen gefangen ward, ſchrieb der Dauphin Carl, Verweſer des Reiches, eine neue Verſammlung der Stände nach Paris aus, um das Löſegeld für ſeinen gefangenen Vater aufzubringen. Allein der dritte Stand, welcher, da der Adel durch die unglückliche Schlacht ſein Anſehen verloren, nun das Uebergewicht in der Verſammlung hatte, dachte nicht darauf, ſeinen König zu befreyen, ſondern die gegenwärtige Verlegenheit des Hofes zu benützen, um eine neue Conſtitution zu erpreſſen. Der Dauphin hob zwar die aufrühreriſche Verſammlung auf, allein der Pöbel griff zu den Waffen, und befeſtigte die Stadt. Die Bauern auf dem Lande folgten ſeinem Beyſpiele, und plünderten, und zerſtörten in Geſellſchaft abgedankter Soldaten alle Edelſitze. Ein ehrgeiziger Prinz von Geblüt, Carl v. Evreux, König von Navarra, ſtrebte nach dem Throne, vereinigte ſich mit dem Pariſerpöbel, und zwang den Dauphin, die Gefangenen los zu laſſen, und zu einer neuen Verſammlung im J. 1357 ſeine Einwilligung zu geben. Aber die neuen Deputirten der Städte und Flecken wurden bald von eben dem Geiſte des Aufruhres beſeelet, als die Pariſer, und überlieſſen ſich unter Anführung des Biſchofs Le Coq von Laon, und des Maire Marcel allen Ausſchweifungen einer erhitzten Einbildungskraft. Der Maire Marcel drang mit ſeinen Rotten in den Pallaſt des Dauphins, ermordete vor deſſen Augen die Marſchälle von Champagne, und der Normandie, und der Dauphin, deſſen Kleider mit Blute beſprizt waren, konnte ſein Leben nur dadurch retten, daß er die blau und rothe Mütze auf ſein Haupt ſetzte. Die neue Conſtitution, welche von der aufrühreriſchen Ver

bloß in der Abſicht verliehen ward, um deſto beſſer von den Wün-
ſchen der zahlreichſten Claſſe unterrichtet zu ſeyn, ohne ihm dadurch gegen
die Grundverfaſſung des Reiches einen überwiegenden Einfluß einräumen zu
wollen, ſuchte gleich in Anfang der Sitzungen die andern zwey Stände zu
verſchlingen, und die Maſſe ſeiner Zuſammenſetzung zu unterdrücken I).

Umſonſt ſtellten ſich einer ſo herrſchſüchtigen, ungerechten, und geſetz-
widrigen Anmaſſung das Anſehen des Herkommens, die Natur der Sache,
und das geheiligte und unveräußbare Recht der zwey übrigen Stände entgegen. Der Widerſtand der zwey erſten Stände wurde bald überwunden,
da man ihre Beſorgniſſe für das Leben eines geliebten Königs rege machte,
der Gefahr des Umſturzes der Monarchie die perſönliche Gefahr des Königs
entgegen ſtellte, und einen Aufſtand veranlaßte, welcher dem Leben Seiner
Allerchriſtlichſten Majeſtät drohete 2). Die zwey erſten Stände würden
ohne

Verſammlung aufgeſetzet ward, benahm dem Könige beynahe alle Gewalt,
und übertrug ſie dem britten Stande, und der Dauphin rettete ſich von der
Annahme derſelben nur durch ſeine Flucht aus Paris. Marcel gerieth endlich
auf das äußerſte, und ſuchte Carl v. Navarra auf den 1. Aug. 1358 zum Könige von Frankreich ausrufen zu laſſen. Allein Johann Maillard ſpaltete
dem Maire am Vorabende den Kopf, die Nationalverſammlung gieng aus
einander, und der Pöbel von Paris führte den Dauphin unter lautem Freu-
dengeſchrey in die Stadt. Villaret Hiſt. de France. T. IX.

1) Der dritte Stand hatte nicht nur ſo viele Stimmen als der Adel und die Cle-
riſey vereiniget, ſondern bereits die Stimmenmehrheit, da durch die von Hrn.
Necker veranlaßte Zuziehung der mindern Geiſtlichkeit zu den primairen Verſammlungen ein Theil des Standes der Gleiſtlichkeit zu dem dritten Stande
übergetreten zu ſeyn ſchien. Daher kam es, daß der dritte Stand kühn genug
war, auf den Vorſchlag des Abbe Sieyes, eines vertrauten Freundes des Herzogs von Orleans, der durch den dritten Stand ſich auf den Thron zu ſchwin-
gen hoffte, ſich den 17. Junius 1789. den Nahmen Nationalverſammlung
beyzulegen. Nur Schade, daß der Adel und die Geiſtlichkeit den Vortheil
des Augenblickes ſich entwinden ließen, um durch Errichtung eines Oberhauſes
das Gleichgewicht zu behaupten.
2) Der 25. Junius war von der Faction von Orleans bereits beſtimmt, den
Herzog zum Generallieutenant, oder was eines und daſſelbe iſt, zum Pro-
tector auszurufen, da ſo lange der König nicht gefangen oder durch Gemüths-
krank-

ohne Zweifel jede Gefahr verachtet haben, welche sie allein betroffen hätte; allein es kam darauf an, Frankreich eines der größten Verbrechen zu er, sparen 1). Die Bestürzung ließ zu keiner fernern Ueberlegung Zeit. Man mußte rasch handeln, wenn man den König retten wollte, und Cleri, sey und Adel drängten sich in den Versammlungssaal des dritten Standes. Von diesem Augenblicke an hatte die Freyheit der allgemeinen Stände ein Ende 2), und mit ihr das Daseyn der allgemeinen Stände selbst. Die Monarchie wurde nun von einer stürmischen und nichtswürdigen Ver=sammmlung verschlungen. Treulose Vasallen, die bloß abgesandt waren, um ihrem Souverain in seinen Entscheidungen durch ihre Rathschläge an Han,den zu gehen, und von ihm Gesetze zu empfangen, erfrechten sich demselben un,erträgliche Vorschriften zu geben, und stürzten tollkühn den Thron um, zu des,sen Unterstützung sie berufen waren. Ihre gottesräuberische Usurpation begann durch Brechung des Eides, den sie bey Erhaltung ihrer Vollmachten geschwo,ren hatten. Sie waren frech genug, sich selbst eine constituirende National,versammlung zu nennen, als wenn sich diese selbst mit der Macht hätten beklei,den können, neue Grundgesetze zu geben, da ihre Committenten sie zu einem sol,chen Schritte nicht berechtigten, und sie selbst bloße Bevollmächtigte der Be,

zirks,

_____

krankheit selbst zu regieren nicht verhindert ist, diese Würde gar nicht bestehen kann, und an eben diesem Tage brach ein fürchterlicher Aufstand zu Versailles selbst aus, während in Paris die Gefangenen losgelassen wurden. Der Plan scheiterte zwar durch die Feigheit des Herzogs und den Muth des Adels, aber alle diese verschiedenen Bewegungen hingen genau zusammen, und ver,kündigten weit stärkere Ausbrüche der Verschwörung. M. v. die Memoires de Lally - Tolendal.

1) Erst auf ausdrücklichen Befehl des Königs und auf die von dem Grafen von Artois erhaltene Bothschaft, daß das Leben des Königs in Gefahr wäre, willigte der Adel den 27. Junius ein, sich mit dem dritten Stande zu vereinigen.

2) So gewaltsam auch dieser Uibergang erpreßt ward, sprach doch der dritte Stand, und dessen damahliger Präsident Hr Bailly von freywilliger Versammlung der ganzen Familie, ein Kunstgriff, dessen sich die Rottirer un,aufhörlich bedienten.

zirksversammlungen waren, die allein als die wahren Stellvertreter der Nation zu betrachten sind 1).

C   Gleich

---

1) Der Endzweck der Zusammenberufung der allgemeinen Stände war nicht die Staatsverfassung von Frankreich umzuändern, sondern der Unordnung der Finanzen abzuhelfen. Die Ausgaben waren stärker als die Einnahme, die Auflagen ungleich und drückend vertheilt, die Behebungsart zu kostbar und gehässig. Diesen Uebeln sollen die Deputirten Gränzen setzen, diesen konnten sie auch leicht steuern, da sich der Hof zu allen Einschränkungen, der Adel und die Clerisey zur Verzichtleistung auf ihre Freyheiten bey den öffentlichen Abgaben freywillig erboten hatten. Die Herstellung der Ordnung in den Finanzen, eine gleiche Vertheilung der Auflagen, eine angemessenere Behebungsart waren also die einzigen Gegenstände der Berathschlagung, und dazu waren sie allein von ihren Committenten bevollmächtigt. Von dem Augenblicke an, als sie sich von ihrer Bestimmung, von ihren Aufträgen entfernten, wurden sie Usurpatoren und Hochverräther, und da sie unberufen, ohne rechts, kräftiges Befugniß das Heiligthum der Grundverfassung ihres Vaterlandes antasteten, konnten ihre Unternehmungen auch niemahls eine gesetzmäßige Form erhalten. Umsonst beruft man sich auf die Einwilligung des Adels, der Clerisey, des Königs, und auf die spätere Anerkennung ihrer constituirenden Gewalt durch die Provinzen. Erstere war erzwungen, letztere erschlichen. Oder soll etwa eine Gewalt nicht als erschlichen betrachtet werden, welche sich auf keinen ausdrücklichen Nachtrage der Vollmachten, sondern auf einer bloßen leidenden Einwilligung stützen kann, wo doch so viele Broschüren diese Aeußerung laut aufforderten, Volksfeste und Spiele erfunden wurden, um die natürliche Lebhaftigkeit und den Enthusiasmus der Nation rege zu machen, wo sogenannte patriotische Gesellschaften alles mit sich fort zu wälzen suchten? Oder sollen etwa unbefangene Zuschauer die vorbereiteten, erbettelten, erpreßten Addressen einzelner Städte und Gemeinden als den Ausdruck der Gesinnungen der ganzen gesunden Mehrheit der Nation betrachten, da die constituirende Versammlung selbst in ihrer Proclamation vom 4. Febr. 1790 an die gesammte Nation es nicht einmahl wagte, daraus eine ausdrückliche Einwilligung der ganzen Nation zu folgern, sondern dieselbe nur voraussetzte? Und welches Gewicht kann eine bloße passive Einwilligung haben, wo der offenbare Widerspruch einzelner Bürger so gefährlich war, und jener ganzen Landvogteyen und Provinzen durch die neue Eintheilung vielleicht nicht ohne Absicht unmöglich gemacht ward?

Gleich meineidig gegen den Eid der Treue, den sie dem Könige ableg=
ten, und den Eid, welchen sie ihren Committenten geleistet hatten, sezten sie
schaamlos den besondern Willen einer sträflichen Mehrheit an die Stelle der
buchstäblichen Vorschrift ihrer Vollmachten und der durch die Bezirksver=
sammlungen hinlänglich ausgedrückten Wünsche der ganzen Nation. Aber ge=
rade die Eigenmacht, mit welcher sie sich über ihre Vollmachten weg sezten,
und von denselben unabhängig machten, und alle Zweige der obersten Gewalt
wiederrechtlich an sich rissen, drückte vorläufig allen ihren Unternehmungen
den Stempel der Ungültigkeit auf I). Und da sie Frankreich als ein Land oh=
ne

I) Die constituirende Versammlung antwortete zwar in ihrer Proclamation auf
den Einwurf, daß sie ihre Vollmachten überschritten: "Wir waren unstrei=
"tig gesandt, um eine Constitution zu gründen! Dieß war der Wunsch, dieß
"war das Bedürfniß von ganz Frankreich. Wie war es möglich dieselbe zu
"schaffen, wie war es möglich, ein auch noch so unvollkommenes Ganzes
"von constitutionellen Entschlüssen zu verfertigen, ohne die Vollmacht der Ge=
"walt, welche wir ausgeübt haben?" Allein hören wir anstatt dieser leeren
Declamation, die mit großem Wortgepränge nichts beweist und im ewigen
Zirkel herumgeht, die Geschichte der Triebfedern der Constitution von einem
Manne, der Augenzeuge und Theilnehmer der Revolution, Mitglied und
Präsident der Versammlung war. "Von dem Augenblicke an, da man wußte,
"daß ein Defekt in den Finanzen vorhanden war, und davon sprach, die
"Reichsstände zusammen zu berufen, waren alle Blicke auf die Zukunft ge=
"richtet. Jeder berechnete die Begebenheiten nach seinem Interesse und
"nach seinen Leidenschaften. Ehrgeiz und Haß hielten beyde diesen Augen=
"blick für günstig. Die einen glaubten, daß sie während der Convulsionen der
"Anarchie, sich würden der höchsten Gewalt bemächtigen, und die Gunstbe=
"zeugungen und Gnadengelder, welche diese vormahls auszutheilen das Vor=
"recht hatte, würden an sich ziehen können. Die anderen hatten einen Plan
"gefaßt, der viel leichter als dieser auszuführen war: Sie wollten nähmlich
"allen Unterschied der Stände aufheben, und alles, was ihren Neid rege
"machte, bis zu sich herab erniedrigen. Sie wollten alles ebenen, alles
"durcheinander werfen, sich mit Trümmern umgeben, und das Volk durch
"das Gift der Ausgelassenheit berauschen, welches sie ihm unter dem Nah=
"men der Freyheit darzubiethen vorhatten, um dann allein mitten im allge=
"meinen Freyheitsrausche einen wahren Despotismus auszuüben, und durch
"die Wuth der Menge zu herrschen, welche das Werkzeug ihrer Gewalt wer=
"den sollte." Und diese zwey Partheyen leiteten die Versammlung! Moun=
nier appel au tribunal de l'opinion publique.

ne Monarchen, ohne Regierungsform, ohne König, ohne Gesetze behandelten,
und von einer neuen Schöpfung und Wiedergeburt sprachen, versetzten sie dieses Reich in den Zustand der halbwilden Völker, und gaben demselben jene rohe
Verfassung, die in der Kindheit der Cultur bestand, und die heut zu Tage jes
den Staat von einigem Umfang an den Rand des Unterganges führen würde
1). Sie schmeichelten nach dem Beyspiele aller Usurpatoren dem Volke, um

C 2 Dasselbe

---

1) Diese Ausdrücke werden freylich den Verehrern der ehemaligen Französischen
Constitution übertrieben zu seyn scheinen. Allein bey der Gesetzgebung kommt
es nicht auf schöne Worte und Sentenzen, sondern auf vollkommene Kenntniß
des Menschen überhaupt und der besondern Bedürfniße jedes Landes an.
Blendender Witz reißt zwar auf einen Augenblick zur Bewunderung hin, aber
ein dauerhaftes Werk entsteht nur durch kalte Vernunft und Erfahrung.
Welchen Nutzen konnte man sich wohl von der unfruchtbaren Metaphysik versprechen, die überall verbreitet ist, von scolastischen Abstractionen, über welche
die Deputirten selbst kaum einig werden konnten, von allgemeinen Grundsätzen
die das Volk nicht verstehen kann, oder irrig deuten muß? Und wie unvoll-
kommen, wie wenig zusammenhängend ist der practische Theil? Welche Raserey! ein zwar hie und da unbequemes, aber festes Gebäude niederzureißen,
ohne versichert zu seyn, ein gleich festes erhalten zu können! Wenn die Versammlung die Stimme des Königs, und der laute Widerspruch des verstän-
digern Theils der Deputirten und der Nation selbst nicht abhalten konnte, hätte
sie doch ihr Orakel, Rousseau selbst abschrecken sollen, der ihnen redlich vorher sagte, daß wenn einmahl die ungeheuern Massen, welche die Französische
Monarchie ausmachen, erschüttert würden, kein Mensch im Stande seyn
könnte, den gänzlichen Umsturz aufzuhalten, oder die schrecklichen Folgen zu
übersehen, welche eine solche Veränderung nothwendig hervorbringen muß.
(Sur la Pol. liodie.) Der vorzüglichste Beförderer derselben, Herr Necker,
sagte den Französischen Gesetzgebern in seinem neuesten Werke über die vollstreckende Gewalt in großen Staaten, in das Gesicht, daß sie nichts besser
thun könnten als ihr neues Luftgebäude ganz wieder abzutragen. Die Bau-
meister selbst waren die ersten welche den Rath befolgten, und ihr eigenes
Werk einrissen, aber wie es scheinet, nur um noch schlechter zu bauen. Anstatt die neue Verfassung der alten monarchischen Form näher zu bringen, wie
es die ungestüme Lebhaftigkeit der Nation, der Stand der Cultur, und der
Umfang des Reiches erforderten, erklärt der neue Convent den Staat für eine Republik, und übergibt der Volksversammlung jedes Bezirkes die constituirende

daſſelbe zu unterdrücken, eigneten ihm eine Art von Souverainität zu, um ſich ſelbſt dieſer zu bemächtigen, ſprachen von den Rechten des Menſchen, und ſchwiegen von deſſen Pflichten, und da ſie nach der Laune ihres ſtürmiſchen und verheerenden Ehrgeizes die Dolche der Meuchelmörder, die Fackeln der Mordbrenner lenkten, Vorurtheile und Leidenſchaften des großen Haufen nach Willkühr erweckten I): erſchuffen ſie Hungersnoth und Ueberfluß, um den Pöbel in Gährung zu ſetzen, zu verführen, und zum Werkzeuge ſeiner Herrſchſucht zu bilden, und um das Maß ihrer Ruchloſigkeit voll zu machen, wußten ſie es dahin zu bringen, daß ihre Schandthaten dem tugendhaften Monar

---

rende Gewalt. Eine Republik von 24 Millionen Menſchen, wo jeder Bezirk die conſtituirende Gewalt hat, iſt wirklich die neueſte Erſcheinung in der Geſchichte, und der offenbare Beweis für die abſolute Unfähigkeit, oder Tollheit des hohen Nationalconvents. Für die erſten rohen Viſigothen, Burgundionen und Franken, welche ihre Germaniſchen Wälder mit Gallien vertauſchten, die weder Gewerbe und Künſte, weder Handel und Geld, weder große Ungleichheiten des Vermögens kannten, wo nur wenige Bedürfniſſe, folglich nur wenige Vorſchriften nöthig waren, wo es bloß darauf ankam, durch negative Geſetze augenblickliche Gewaltthätigkeiten abzuhalten, kurz für die Nationen in ihrer Kindheit war es freylich noch thunlich, daß alle Einzeln zur Wahlſtatt gezogen wurden, und daß Geſetze nur jenen binden konnten, der an der Abfaſſung derſelben Theil hatte. Aber eine ſolche Einrichtung bey einem übercultivirten Volke zu verſuchen, heißt wirklich die Nation auf die erſte Stufe ihrer Cultur zurückführen wollen.

1) Warum ſelbſt Männer von den obern Claſſen, warum ſelbſt ein ausgearteter Prinz von Geblüt an dieſen Gräuelthaten Antheil nahmen, erklärt Hr. Mounnier ſehr richtig. „Auf dieſe Wiſe, ſagt er, kann man ſich nunmehr ſehr „natürlich das Betragen einiger Männer erklären, welche vormals unter die „Unterdrücker des Volkes gerechnet wurden und daſſelbe mit beleidigender In„ſolenz verachteten, heut zu Tage aber die Grundſätze der unumſchränkteſten „Demokratie vertheidigen. Man fragt, was mag wohl ihre Abſicht ſeyn? „Was mögen ſie wohl hoffen? Sie lebten in einem erhabenen Range, ſie waren „im Ueberfluſſe, ihre vormahlige Aufführung läßt nicht erwarten, daß man „ſich vorſtellen dürfe, ſie ſeyen großmüthig genug, um von keinen andern Ge„ſinnungen, als von dem Enthuſiasmus für das gemeine Beſte geleitet zu wer„den. Was wollen Sie denn? — Was ſie wollen? Was ſie zu erlangen hoffen? „daß ihre ſträflichen Cabalen unbeſtraft bleiben! dieſes iſt es was ſie wollen ꝛc.“

narchen selbst zur Last gelegt wurden, dem sie ihre Einberufung, folglich ihr Daseyn zu verdanken hatten 1).

Den König setzten zwar die gefährlichen Umstände, in welchen er sich befand, in Erstaunen, aber das traurige Schicksal, welches seinem Volke drohete, machte ihm allein Kummer. Alle seine Bemühungen dem Uibel zu steuern, waren fruchtlos. Neue Aufopferungen wesentlicher Rechte, welche die Nothwendigkeit zu fordern schien, und nicht nur alle Wünsche der schriftlichen Aufträge der Provinzen, folglich der ganzen Nation erfüllten, sondern diese selbst übertrafen, reitzten nur den Herrschdurst einer kronenräuberischen Versammlung 2). Ganz Frankreich, durch die gröbsten Blendwerke verführet, stand plötzlich an einem und demselben Tage unter Waffen. Die Nation wähnte ihre Waffen gegen die Räuber zu führen, und die Räuber kehrten dieselben gegen ihren König 3). Von diesem Augenblicke an war die oberste Gewalt vernichtet. Die unstreitigen Besitzungen und Rechte der ersten zwey Stände wurden aufgeopfert, um die mörderische Wuth der Verschwornen zu nähren. Der Unterschied der Stände hörte auf 4). Der König selbst

C 3

und

---

1) Als die von den Demagogen künstlich veranlaßte Theuerung, das Volk in Wuth setzte, wälzten sie die Schuld auf die Minister und den König; und als der Pöbel in der Nacht vom 5 bis 6ten October den Pallast von Versailles stürmte — veil agte er Brod.

2) Erklärung des Königs vom 23. Junius 1789.

3) Den 26. Julius 1789. Bestimmter wäre es vielleicht gesagt: als durch die Empörung des Pariserpöbels die Bastille von den Verschwornen eingenommen ward, schickten sie Couriere in alle Provinzen an ihre Anhänger, um überall die Sturmglecken zu läuten, dem Volke die Ankunft von Räubern und fremden Truppen anzukündigen, und Bürger und Bauern zu einer tapfern Gegenwehr zu ermahnen. Nun setzten sich Bauern und Bürger unter Waffen, und als die Räuber nicht erschienen, kehrten sie dieselben gegen die Edelsitze, und Königl. Festungen und Zeughäuser, und die Mord-und-Brandscenen von Paris wurden durch das ganze Reich nachgeahmet.

4) Den 4. August 1789 und 17. Junius 1790. Und zwar mit einer so hastigen Eile, daß eben die Versammlung, welche 2 Monate mit Untersuchung der Voll achten, und viele Wochen mit metaphysischen Spitzfindigkeiten zugebracht hatte, in dem Freyheitsrausche einer Abendsitzung durch bloßes Zustimmen

und deſſen Brüder verloren die Güter ihres Hauſes, welche bey Erhebung deſſelben auf den Thron, mit der Crone vereiniget wurden 1). Die Parla‐
mente,

---

men die Privilegien des Adels in Rückſicht der Steuerfreyheit, alle Lehen und Grundrechte, Frohndienſte, perſönliche Dienſtbarkeiten und Grundzinſe, Ze‐
henten, Jagd‐ und Fiſch‐Gerechtigkeiten, und all‐ Vorrechte der Provinzen und des geiſtlichen Standes aufhob, ohne nur zu bedenken, daß ſie zu einer ſo eigenmächtigen Freygebigkeit von ihren Committenten keine Vollmacht hätte, und daß durch dieſe unerhörte Ungerechtigkeit beynahe ſo viele Un‐
glückliche gemacht würden, als wenn ſie einen Nationalbankerott erklärte. Dieſe Machthandlung, von welcher ſelbſt die Geſchichte des Aſiatiſchen Deſ‐
ſpotiſmus kein Beyſpiel zählt, war aber auch die Belohnung des Volkes für die Meutereyen und Aufſtände, welche die Revolution ſo ſehr beförderten. Denn als die Verſammlung eine Schilderung aller Gräuel erhielt, welche ſeit der Wiedergeburt der Nation das Reich von einem Ende zum andern verheer‐
ten, und Herr Target einen Plan zu einer Proclamation an das Volk vor‐
las, ſtand der Vicomte von Noailles auf, und behauptete, man müßte durch Thatſachen beweiſen, daß man wirklich für das Volk etwas zu thun ge‐
ſinnet ſeye, bevor man Ordnung verlangte. Die Abentſitzung vom 19. Junius 1790. ſchaffte mit eben ſo viel Ueberlegung den erblichen Adel, und alle Ti‐
tulaturen und Wappen ab. Es war aber auch die Nacht, wo die Verſamm‐
lung die Glückwünſche zu ihren herrlichen Bemühungen für die Menſchheit von den Abgeſandten der Araber, Chaldäer, Preuſſen, Pohlen, Engländer, Schweitzer, Deutſchen, Holländer, Schweden, Italiener, Spanier, Ameri‐
kaner, Judianer, Syrier, Brabanter, Lütticher, Avignoner, Genfer, Sar‐
dinier, Graubündter und Sicillaner unter Anführung des Anacharſis Cloß erhielt, die durch die Operngarderobe auf einmal von Seſſelträgern in Großbothſchaf‐
ter verwandelt wurden, und der Aſſemblee den Kopf ſchwindeln machten.

1) Den 5. Nov. 1789. Es ſcheint wirklich nicht ungegründet zu ſeyn, was den meiſten Mitgliedern aller 3 Verſammlungen ſchon mehrmahl vor‐
geworfen worden, daß ſie nicht nur in Geſchäften ganz unwiſſend, ſon‐
dern auch in der Geſchichte und zwar ſelbſt jene ihres Vaterlandes nicht ausgenommen, beynahe Fremdlinge ſeyen. Sonſt wäre es unbegreiflich, daß ſelbſt von der königlichen Parthey Niemand aufſtand, um ſeinen Lands‐
leuten die Verbindlichkeiten in das Gedächtniß zurückzurufen, welche Frank‐
reich dem gegenwärtig ſo mißhandelten Könighauſe ſchuldig iſt. Als der Stifter deſſelben Hugo Capet im Jahre 987 auf den Franzöſiſchen Thron erhoben ward, gehörte ein groſſer Theil des heutigen Frankreichs zu Spa‐
nien,

mente, die Gerichtshöfe, die Stände der Provinzen, alle diese politischen Cörper, die beynahe so alt waren, als die Monarchie selbst, welche diese aufrecht

---

nien, Burgund und Teutschland. Der König selbst besaß nichts als die Stadt Laon. Alles Uibrige war in den Händen von Vasallen, die größtentheils mächtiger als der König, dessen Befehle nur befolgten, wenn sie ihre Rechnung dabey fanden. Die königliche Würde zog daher einen weit größern Vortheil von den Capetingern als diese von der königlichen Würde. Sie machten ihre Familienherrschaften die Grafschaften Paris und Orleans und das Herzogthum Isle de France zu Domainen der Krone, und Paris, die ehemahlige Hauptstadt ihres Familienherzogthums zur Hauptstadt des Reiches, welches zur Zeit, als sie den Scepter erhielten, keine hatte. Paris hätte sich daher erinnern sollen, daß es vormahls zu den Familienherrschaften von Capet-Bourbon gehörte, und daß es blos durch die Gnade der Könige dieses Hauses die Hauptstadt des Reiches geworden. Nur durch diesen neuen Zuwachs von Kräften ward der Thron in den Stand gesetzt, die Herrschaft über die Vasallen zu gründen, die Bürgerclasse zu bilden, und einen Rang unter den Europäischen Staaten zu behaupten. Das Haus Capet theilte sich wie bekannt in 8 Linien, und jede derselben hatte besondere Verdienste um die Erhaltung, innere Einrichtung und Vergrößerung des Reiches. Ohne die Tapferkeit des Capets und Valois stand Frankreich auf dem Puncte in eine Normännisch-Englische Provinz verwandelt zu werden, und ohne den thätigen Widerstand der Bourbons würde Frankreich der Uibermacht Spaniens haben unterliegen müssen. Die Capetinger brachten die meisten großen Herzogthümer an die Krone, die Valois den größten Theil des Reiches von Arles und die 3 Bisthümer, die Bourbons Elsaß, einen Theil der Niederlande und Lothringen, welches Land die Carolinger umsonst versucht hatten dem Deutschen Reiche zu entreißen. Kurz der Französische Staat hat sein Daseyn, seine Ausdehnung, seine innere Stärke, seine politische Bedeutenheit, ja selbst seine Erhaltung unter so vielen auswärtigen und einheimischen Gefahren ganz allein dem Hause zu verdanken, das nun auf eine so lächerliche Art gehasset wird, und der monarchischen Regierungsform, welche man gegenwärtig abgeschafft wissen will. Oder sind etwa nicht die Fortschritte der Nation im gesellschaftlichen Leben, ihre Manufacturen, ihr Handel, ihre glänzende Periode in Künsten und Wissenschaften eben so gut als das Werk der Könige, und der Monarchie, als ihre glücklichen Vergrößerungen, und hätte Frankreich je hoffen dürfen, sich auf eine so hohe Stufe von Wohlstand und Ansehen zu erheben, wenn dieser Staat von jeher durch stürmische Versamm-

reqt hielten, und wohlfeilste mißigten, welche den Völkern für die Gerechtigkeit des Monarchen Bürgschaft leisteten, wie diesem für die Treue seiner
Unterthanen: wurden unter den Trümmern des Thrones begraben. Die Religion selbst traf bald das allgemeine Loos der Zerstörung. Ihr Eigenthum
wurde verschlungen, ihre Altäre umgestürzet, ihre Tempel entheiliget, ver-
kauft oder niedergerissen, ihre Diener verfolgt, zur traurigen Wechselwahl
zwischen ihrem Gewissen, oder dem Tode, zwischen einer schimpflichen Strafe und dem Meineide verdammet, und oft mißhandelt und gemordet, wenn
sie nicht strafbar werden wollten 1).

Auf diese Art stritt eine gottlose Rotte mit dem Himmel selbst, er-
niedrigte jede Religion, indem sie sich die Miene gab, alle zu dulden, und
mißbrauchte diese allgemeine Duldung zum Looszeichen, alle zu zerstören,
und alle zugleich mit Verachtung zu brandmarken. An ihre Stelle setzte sie
eine politische Freygeisterey auf den Thron, ohne Trost für Unglückliche,
ohne abhaltende Beweggründe für die oberen Classen, ohne Zaum für den
Pöbel. Die Ruchlosigkeit selbst wurde allgemein geduldet, angefeuert, be-
lohnt. Man machte den Aufstand zur heiligsten Pflicht 2) Man verord-
nete feyerliche Staatsfeste für die niedrigsten und schändlichsten Verbrecher 3),
und gestattete alle Laster im Nahmen des Vaterlandes 4). Ganz Frankreich
schwamm

---

sammlungen, rasende Demagogen und einen unsinnigen Pöbel beherrscht
worden wäre, oder etwa gar sich selbst in ein feindseliges Staatensystem getrennt hätte?

1) Die gemeinschaftlichen Bemühungen der Afterphilosophen, Jansenisten, und
Reformirten die herrschende Religion in Frankreich zu stürzen, sind mit leb-
haften Farben geschildert in folgendem Werke: Bericht an Frankreichs Ka-
tholiken über die Mittel, wodurch die Nationalversammlung die katholische
Religion in Frankreich zu vernichten sucht, von Heinrich Alexander Audainel,
wovon ich aber bloß die deutsche Uebersetzung in Händen habe.

2) Ein Grundsatz, den Hr. La Fayette in Vorschlag brachte, und die Nationalversammlung annahm.

3) Den Soldaten von Chateau Vieur, die von den Galeeren kamen, den Meu-
chelmördern von Avignon, von Nismes, von Arles, den Helden der Bastille, den Mordbrennern vom 10. August 1792. ꝛc. ꝛc.

4) Die gänzliche Zerstörung der Religion, der Ordnung, der Sittlichkeit in
Frank-

schwamm im Blut: Von seinen Schlössern und Pallästen waren nur die
Brandstätten übrig, und der Ausländer warf einen Blick des Entsetzens
auf ein Reich, das vorhin wegen seiner Gesetze, seiner sanften Sitten, seiner
feinen Höflichkeit, seines Wohlstandes und vorzüglich wegen der Treue gegen
seine Könige so berühmt war, und das nun durch eine schaudervolle Revolu-
sion in den Sitz der Zwietracht, der Proscriptionen, Verweisungen, Mord-
brennereyen, Metzeleyen, Verwüstungen und der Straflosigkeit aller Schand-
thaten verwandelt ward. 1)

In dem unersättlichen Feuereifer jene angemaßte Volkssouverainität
auszuüben, suchte jeder zu herrschen, und sich in die traurigen Ueberreste der
obersten Gewalt zu theilen. Daher jene zahllosen Versammlungen der
Wahlherren, Municipalitäten, Cantons, Districte und Departements, 2).

D   Daher

Frankreich muß die Urheber derselben in den Augen der ganzen Welt mit
Schande brandmarken, und jeder Menschenfreund wird die Blindheit der unglücklichen Verführten bedauern, die sich von diesen moralischen Ungeheuern
leiten lassen. Man sehe nur, wie selbst Männer, die an der Revolution Antheil hatten, und dadurch etwas Gutes zu bewirken hoffen konnten, über diesen Geist der Versammlung sich ausdrücken. In Laly-Tolendals Briefen.
in Mounnier Exposé de sa Conduite, in von Türkheims Bericht an die
Gemeine von Strasburg.

1) Am 7ten August 1789 machten sämmtliche Minister im Nahmen des Königs folgendes Gemählde von dem Zustande des Reiche. Ordnung und öffent-
liche Sicherheit sind überall zerstöret. In den Provinzen ist das Eigenthum
nicht mehr sicher. Mordbrennerische Hände verwüsten die Wohnungen der
Einwohner, und statt der Formen der Justiz herrschen Ermordungen und
Proscriptionen. An einigen Orten hat man sogar die Aernten beraubt, und
das Volk bis in seinen künftigen Hoffnungen verfolgt. Wohin man keine
Räuber senden kann, dahin sendet man Furcht, Schrecken und Unruhe.
Die Ausgelassenheit hat keinen Einhalt, die Gesetze sind ohne Kraft, die
Gerichtshöfe ohne Thätigkeit. Jammer und Elend bedecken einen Theil von
Frankreich und banges Schrecken herrscht über das Ganze. Handlung und
Betriebsamkeit stehen stille, und sogar die Zufluchtsörter der Gottesfurcht sind
nicht mehr vor Mördern sicher. — Und die Nationalversammlung schritt
zu einer metaphysischen Untersuchung über die Rechte des Menschen!

2) Durch diese Anordnung werden nicht nur die Triebfedern der Staatsmaschine
ohne Noth vervielfältigt, folglich die vollstreckende Gewalt gelähmt, und der

Gang

Daher jene unglücklichen Glückstöpfe, aus welchen der Partheygeist so schändliche Wahlen schöpfte. Daher jenes allgemeine Lotto aller Pläze und öffentlichen Aemter, wo die Gewalt, der Betrug, und der Unglaube beynahe alle Treffer zog 1). Daher jene Gesellschaften und Clubs der Verschwornen; wo erhizte Köpfe durch Verfolgung, und die Picken des Pöbels Rechtschaffenen Stillschweigen auflegen, und dieselben mit sich fortreissen 2). Daher jene
Gallerien,

Gang der Geschäfte erschweret, sondern, da alle diese neuen Magistrate ordentliche Besoldungen erhielten, wurde auch gerade in dem Zeitpunete die Verwaltung weit kostbarer gemacht, als bey der gänzlichen Zerstörung der Finanzen die höchste Oekonomie nöthig gewesen wäre. Ueberdieß hat schon Hr. v. Calonne sehr richtig bemerket, daß da nach der Constitution die Wahlherren auf eine gewisse Art das lezte Rad der Maschine waren, diese sehr leicht die ganze Regierung an sich reissen, und Frankreich in eben so viele kleine Aristokratien trennen konnten, als Versammlungen der Wahlherren bestehen. Diese gänzliche Auflösung des Französischen Staatskörpers muß durch die Anordnung des neuesten Französischen Staatsrechtes noch weit gewisser erfolgen, seitdem die Volksversammlungen der Districte ihre Wünsche unmittelbar ausdrücken dürfen, und folglich auf eine gewisse Art an die Stelle der Wahlherren gesetzt sind, und diese primären Versammlungen aus dem unwissendsten und tollkühnsten Pöbel allein bestehen, weil alle Güterbesitzer als Aristokraten daraus verscheuet worden.

1) Man erinnere sich nur aus der Geschichte, welche Unordnung, Partheyung und Mordsceenen das Wahlrecht in den Händen eines verdorbenen und bestechbaren Pöbels in den lezten Zeiten der römischen Republik nach sich zog!

2) Der Einfluß der besondern Gesellschaften und Clubs in Frankreich ist zu bekannt, als daß er einer näheren Erläuterung bedürfte. Aber vortrefflich und weniger bekannt ist der Gedanke des Herrn de Pange, die Grundsäze über besondre populäre Gesellschaften, welche gegenwärtig in Frankreich angenommen sind, mit jenen der alten Römer über eben diesen Punct zu vergleichen. Er führt die Stelle des Livius an l. XXXVIII. c. 15. wo er nach Erzählung der Aufhebung der gemeinen Gesellschaft der Bacharalien dem Consul an das versammelte Volk folgende Stelle in Mund legt: Nur in den von dem Geseze vorgeschriebenen Fällen, und wenn das Zeichen vom Capitolio gegeben wird, seyd ihr berechtigt, euch auf den öffentlichen Pläzen zu versammeln. Eure Vorältern wollten es nicht, daß ihr euch unvorsichtig und ohne Ordnung zusammen rotten könntet, und sie hielten dafür, daß überall, wo die Menge sich versammelt, eine öffentliche
Ma

Gallerien, welche die usurpatorische Versammlung beherrschen, und die lächerliche Thorheit der Nationalversammlung selbst, welche zu herrschen wähnt, während sie knechtisch der Freyheitswuth gehorchet, und durch die wetterlaunischen Leidenschaften des großen Haufen unterjochet ist 1).

D 2   Diese

Magistratsperson sich befinden müsse, um Führer und Mäßiger derselben zu seyn. Was uns anbelangt, fährt Hr. de Pange in satyrischem Tone fort, so achten wir die Meinung von dem großen Haufen mehr. Wir unterwerfen sie nicht der Oberaufsicht der Magistratspersonen und finden es schicklicher, daß diese von ihm bewachet werden. Da wir dieses dem Römischen so entgegen gesetzte System annahmen, so geschah es ohne Zweifel, weil unser Volk ernsthafter in seinen Sitten, und ruhiger in seinen Berathschlagungen ist. So geschah es, weil bey uns des Volks Zusammenlauf niemahls die öffentliche Sicherheit gestöret, noch die öffentliche Ehre verletzet hat, und nie für einen Bürger von traurigen Folgen war. So geschah es, weil alle diese Gruppen, ohne die der Jacobiner auszunehmen, keine bessere Führer, als ihre Einsichten, keine gerechtern Mäßiger als ihre Tugenden haben können: So geschah es, weil wir nach dem Ausdrucke des Hrn. Bazire alle philosophirt sind. Dieser Aufsatz stand in dem vortrefflichen Journal von Paris, welches ich leider nicht bey Handen habe, und dessen Unterbrechung ein wahrer Verlust für die Geschichte der Französischen Revolution ist. Ich sah mich daher gezwungen diese Stelle aus des Herrn. v. Archenholz Minerva Julius 1792. zu nehmen.

1) Die Unbändigkeit der Gallerien, und ihr unverschämtes Betragen gegen die wahrhaft patriotischen Glieder beyder Nationalversammlungen sind noch in frischem Andenken. Aber sie gehörten einmahl zur Tactik der Rottirer, und erhielten von denselben ordentlichen Sold. Der gewöhnliche Taglohn bey der constituirenden Nationalversammlung war 40 Sous für den Tag, jene, die das Loszeichen zum Auszischen, oder Ausklatschen auf einen verabredeten Wink geben mußten, bekamen 3 Livres. Bey außerordentlichen Theaterstreichen erhielt jeder Acteur 10 Thaler und eine gute Mahlzeit. Am Tage nach der berufenen Farce der Erscheinung der Gesandten von allen Völkern der Erde hatte der Herzog von Liancour die Auszahlung. Einer der Acteurs verwechselte diesen Nahmen mit jenem des Hrn. v. Biencour und foderte von diesem das Geld. Als derselbe sich weigerte, die 10 Thaler zu bezahlen, versetzte der Fodernde: Ey mein Herr ich bin ja der nähmliche, der gestern den Africaner vorstellte! Audainel l. c.

Diese allgemeine, systematische, mit so viel Kunst und Verschlagenheit angelegte Anarchie überlieferte in allen Gegenden des Reiches viele tausend unschuldige Bürger dem Mordstahl, und ganze Städte und Provinzen ohne Barmherzigkeit einer barbarischen Rache 1). Man durfte nur verdächtig gemacht werden, um verloren zu seyn, nur mäßig denken, um strafbar zu scheinen, nur noch etwas besitzen, was die Habsucht reitzen konnte, um als ein Feind des öffentlichen Wohles zu gelten 2). Mit einem Worte, in diesem Meere von Angaben, die aufgemuntert, bezahlet, verordnet wurden: in diesem Abgrunde von Untersuchungscommissionen, Clubs, Versammlungen aller Art und Nationalgefängnissen, wo die getreuen Unterthanen durch

---

1) Herr Mounier klärt es sehr schön auf, warum sowohl die Orleanische Parthey, als die Rasende oder Demokratische planmäßig an einer allgemeinen Anarchie arbeiteten. "Die Anführer beyder Partheyen, sagte er, mußten sich "nothwendiger Weise derselben Mittel bedienen. Die eine Parthey sowohl als "andere konnte ihren Endzweck nicht anders als durch eine verstellte Popularität erreichen, die gewöhnliche Hülfe derjenigen, welche zu tyrannisiren suchen. "Die eine Parthey sowohl als die andere hatte ein gleich starkes Interesse, "den Monarchen ohne Vertheidigung zu lassen, seine treuen Garden zu zerstö"ren, ein Militär zu schaffen, welches seinen Befehlen nicht unterworfen seyn "würde, das wüthende Volk gegen alle diejenigen aufzuwiegeln, welche sich "mit dem Throne verbanden, und die Ausgelassenheit zu beängstigen; unbe"kümmert ob auch Frankreich mitten in der Anarchie umkomme! Eine dieser "Partheyen (jene des Herzogs von Orleans) wollte anfangs das königliche "Ansehen nicht ganz vernichten. Man sucht dasjenige nicht zu vernichten, "was man zu rauben wünscht. Aber da ohne den Beyfall des großen Hau"sens nichts geschehen konnte, so sah sie sich genöthigt, an vorgeblichem Ei"fer für das Beste des Volkes es der demokratischen Parthey gleich zu thun. "Diese hat das, was jene that, zu nützen gewußt. — Das, was ich so "eben gesagt habe, gründe ich auf Thatsachen, welche jedermann bekannt sind, "rc. — Man hat gesehen, wie sie den Pöbel allmählig und stufenweise zu "Grausamkeiten verleitet haben, von welchen man nicht hätte erwarten sollen, "daß sie in unserem Jahrhunderte Europens Annalen beflecken würden! — "Mounier appel au tribunal de l'opinion publique.

2) Es ist wirklich so weit gekommen, daß heute in Frankreich die Wörter Volksfeind, Aristokrat, und Eigenthümer, oder Güterbesitzer gleich bedeutend geworden sind, wie Archenholz in seiner Minerva Julius 1792 als Zeuge aussagt.

durch den Despotismus der Demagogen willkührlich eingesperret, und von den durch die Rottirer gewählten Richtern weder verurtheilet wurden, da sie dieselben nicht verdammen konnten, weder losgesprochen, weil jene selbst die Wuth des Pöbels zu fürchten hatten 1): in diesem Wirbel, in diesem Rausche aller zugleich in Bewegung gesetzten Leidenschaften des großen Haufen, war die Tugend allein ein Verbrechen, das rechtmäßige Eigen-

D 3

thum

---

1) Und dieses ist nur ein schwaches Bild des gegenwärtigen republicanischen Zustandes von Frankreich, wo seit dem 2. Sept. dieses Jahres die Gefangenen, ohne überwiesen, ja so gar ohne verhöret worden zu seyn, den Mordgewehren eines blutdürstigen Pöbels Preis gegeben werden, und man täglich auf bloße willführliche Verordnungen der Partheyen die Gefängnisse mit neuen Schlachtopfern anfüllt. Und doch wollen die neuen Gesetzgeber Frankreichs ihren Landsleuten vorspiegeln, die republicänische Form allein könnte sie glücklich machen, und unter diesen Leute, die einst in einem ganz andern Tone gesprochen. Eben der reformirte Prediger und Volksschriftsteller Rabaud de St. Etienne, der sich noch vor dem Nationalconvente als den eifrigsten Republicaner in allen öffentlichen Blättern des Reiches erklärte, sagte am 31. August 1789 in der constituirenden Nationalversammlung: "Ich kann unmöglich glauben, daß "jemand in dieser Versammlung auf den ungereimten Gedanken fallen könne, "das Reich in eine Republik verwandeln zu wollen. Jedermann weiß, daß die "republicäische Regierungsform kaum für kleine Staaten taugt, und die Erfahrung hat gelehrt, daß jede Republik in eine Aristokratie, oder in den Despotismus übergeht. Außerdem haben die Franzen von jeher die heilige "und ehrwürdige alte Monarchie geliebt, und für dieselbe selbst ihr Blut "vergossen. Sie verehren den wohlthätigen Fürsten, den sie als Wiederhersteller der Französischen Freyheit ausgerufen haben. Die Französische Regierungsform ist dem zufolge monarchisch. Ich verabscheue den Despotismus, und schon die bloße Idee des ministeriellen Despotismus macht mich "zittern; aber der Despotismus der Aristokratie, von welcher Art sie auch sey, "und wo sie sich auch befinde, scheint mir der unerträglichste von allen. Einem Despoten kann man durch Entfernung entgehen. Man sieht wenigst die "Hand nicht, welche die Ketten schmiedet, und den ersten Ring derselben hält: "aber der aristokratische Despotismus drückt an allen Orten, und auf alle "Menschen gleich stark, und seine beständige gehäßige Gegenwart, erweckt "Bitterkeit und reitzt die Rachsucht. — Von dem Volksdespotismus wagte der reformirte Prediger schon damahls nicht zu schreiben, aber wer sieht, fühlt, und empfindet nicht, daß er der drückendste von allen sey?

thum allein Usurpation, und alles Souverain bis auf den Souverain
selbst 1).

Daher erfrechte sich der Sprecher der Rottirer, der Maire von Paris,
seinem Könige und Herrn dreust in das Gesicht zu sagen: das Volk habe
Ihn erobert 2): Ja wohl erobert! denn wirklich hielt der Pöbel den Monarchen in seinem eigenen Reiche gefangen, und dieser unglückliche Fürst hat
vielleicht die Rettung seines Lebens bloß der gezwungenen, aber heilsamen
Flucht eines seiner Brüder, und der Prinzen vom Geblüte zu verdanken. –
Indessen ließ man dem Monarchen und der Monarchie wenigst dem
äusseren Scheine nach ihr Daseyn 3). Aber sobald sich Seine Christlichste
Majestät über einige gehässige und unerträgliche Decrete bloße einfache An-
merkungen erlaubte 4), wurde die schwärzeste Verschwörung angezettelt.

Ein

---

1) Man sehe des tugendhaften Andre Chenier, der mit seinem Jacobinischen
   Bruder Joseph Marie Chenier nicht verwechselt werden darf, vortreffliche
   Bemerkungen über die neuesten Intriguen der Französischen Demagogen,
   welche Archenholz aus dem Journal von Paris in sein 7. Stück der Minerva aufnahm.

2) Er nannte auch den 6. October einen schönen Tag, an welchem der beste
   König von jedermann verlassen, und nur durch seinen edlen Muth allein
   unterstützet, mitten unter auf Stangen getragenen Köpfen seiner treuen
   Garden, lärmenden Mördern, bachantisch tanzenden Weibern, mitten unter
   Flintenschüssen, die in den Wagen der Königin geschahen, unter dem kan-
   nibalischen Geschrey eines rasenden Pöbels nebst seiner Familie nach seiner
   Hauptstadt in ein glänzendes Gefängniß geführet ward. Von Türkheims Be-
   richt an die Gemeinde von Strasburg verglichen mit Laly-Tolendals Schreiben.

3) Der Schein der königlichen Gewalt, sagte Mounnier, mußte anfangs von
   den Verschwornen beybehalten werden, um das Volk zu befriedigen, welches ungeachtet aller Aufhetzungen noch dem Könige anhing, aber man riß
   alles weg, worauf sich die königliche Macht gründet. Appel au Tribunal
   de l'opinion publique.

4) Diese Bemerkungen treffen insbesondere die Bekanntmachung der Rechte
   des Menschen und des Bürgers. Uiber ihre Bekanntmachung der Rechte
   des Menschen und des Bürgers, sagte der König, erkläre ich mich nicht;
   Sie enthält recht gute Maximen, welche ihnen bey ihren künftigen Arbeiten zur Richtschnur dienen können. Aber der Werth von Grundsätzen, die
   so verschiedener Anwendungen, und so mannigfaltiger Erklärungen fähig

sind,

Ein grosser Haufe der Rottirer zog nach Versailles: der königliche Pallast wurde mit stürmender Hand eingenommen: der König, die Königin 1), die ganze königliche Familie waren unerhörten Mißhandlungen und Gewaltthätigkeiten ausgesetzt. Allein der gute König dachte nur auf Schonung des Blutes seiner Unterthanen, und seine Thränen, die er seinem eigenen Unglücke versagte, flossen allein für die großmüthigen und treuen Garden 2), die an den Stufen seines Thrones unmenschlicher Weise ermordet wurden. Die Vorsicht, welche über die Tage der Könige und Völker wacht, rettete endlich den König, die Königinn und die Durchlauchtigste Familie aus dieser furchtbaren Verschwörung, und wenn die Urheber der Mordnacht vom 5 — 6ten October bis jetzt einer gehässigen Straflosigkeit genossen, verschob wahrscheinlich die göttliche Gerechtigkeit ihre verdiente Strafe bloß in der Absicht, um den übrigen Souverainen, welche sämmtlich in der Person Ihrer Christlichsten Majestäten beleidiget wurden, Gelegenheit zu verschaffen dieselbe auf eine auffallende und unvergeßliche Art zu verhängen 3).

Als

---

sind, kann nicht eher richtig beurtheilt werden, und soll es auch nicht eher als bis zu dem Zeitpuncte, wo ihr wahrer Sinn durch die Gesetze bestimmt seyn wird, denen sie zur Grundlage dienen sollen. — So gemäßigt und klug auch diese Antwort des Königs war, wurde doch die pedantische Eitelkeit der neuen Schulregenten von Frankreich beleidigt, Mirabeau rufte auf, die Nationen müssen Schlachtopfer haben, und die Verschwornen ergriffen davon einen Verwand zu ihrem schändlichen Complotte.

1) Daß die Dolche der Meuchelmörder auf das Leben der Königinn gerichtet waren, beweiset juridisch das Zeugenverhör in der Procedure criminelle du Chatelet de Paris.

2) Welchen Edlen gewiß jedes fühlendes Herz eine Thrände des Mitleides und der Bewunderung zollt, daß sie sich mit einer beyspiellosen Aufserferung in die Mordgewehre der Banditen warfen, um der königlichen Familie zu ihrer Rettung Zeit zu verschaffen.

3) Diese Gräuelthaten erweckten selbst den Unwillen vieler rechtschaffen Deputirten so sehr, daß eine Anzahl von 300 die strafbare Versammlung verließ, und einige derselben (Mounnier, Lally-Tolendal, Türkheim) so gar ihren Abscheu öffentlich bekannt machten. Wäre ich länger, sagt Mounnier, in der Versammlung geblieben, und hätte ich stillgeschwiegen, was für eine schreckliche Marter würde es dann für mich gewesen seyn, dem Verbrechen die Belohnung

Als der König dieser augenscheinlichen Gefahr entgangen war, dachte er endlich auf Mittel sich von einer Gefangenschaft zu befreyen, in welcher er so widerrechtlich schmachtete, und seine geheiligte Person durch die Verlegung der Residenz nach der Gränze des Reichs sicher zu stellen. Er hoffte in diesem neuen Aufenthalte weit leichter die verirrten Unterthanen zu ihren Pflichten zurückzuführen, und die Monarchie zu retten 1). Zugleich erklärte der König bey diesem Schritte, den die erste der Pflichten, die Selbsterhaltung, nothwendig machte, alle Handlungen als ungültig, zu welchen er während der Gefangenschaft seinen Nahmen hergeben mußte 2).

Allein

---

nung der Tugend zuzusprechen, alle Gräuel des 5. und 6. Octobers als Heldenthaten loben, feige Ermordung Muth, und den unerträglichsten Despotismus Freyheit hören zu müssen, und auf diese Weise, indem man den unerhörtesten Schandthaten einen Anstrich von Tugend gibt, ihre Urheber aufmuntern zu sehen, dieselben zu wiederhohlen, und das Volk sich von neuem verleiten zu lassen, sobald jene desselben sich wieder zum Werkzeuge ihrer traurigen Plane zu bedienen für gut finden möchten.

1) Dieser Behauptung des Königs wagten die Rottirer selbst nicht zu widersprechen. Es waren zu Montmedy bereits die Zimmer zur Aufnahme der königlichen Familie eingerichtet, und wenn nicht nach der Laune und Tollkühnheit der Partheyen, sondern nach dem Bedürfnisse der gegenwärtigen Lage Frankreichs künftiges Schicksal entschieden werden sollte, war es nöthig, durch eine neue, gesetzmäßige und ordentlich bevollmächtigte Deputation eine neue Untersuchung anzustellen, und um dieser Untersuchung die nöthige Freyheit zu verschaffen, die Deputirten dem Mordmesser des Pariser Pöbels zu entziehen. Selbst die populärsten Mitglieder der letzten gesetzgebenden Versammlung und des gegenwärtigen Nationalconventes sind gezwungen das traurige Bekenntniß ihrer Lage abzulegen, und in Proclamationen und öffentlichen Reden ihre Abhängigkeit von den Pariserrotten einzugestehen. Allein nun steht es nicht länger in ihrer Macht das verführte Volk zurückzuhalten, und sie werden wahrscheinlich ein Opfer seiner Wuth werden.

2) Schreiben vom 20. Junius 1791, welches Seine Majestät bey ihrer Abreise zurückliessen. Die Rottirer suchten zwar das Vorurtheil zu verbreiten, daß der König durch seine Protestation und Entweichung den vorigen Erklärungen und dem Eide vom 4. Febr. 1791 entgegen gehandelt habe. Allein man sehe Herrn Neckers Werk du Pouvoir executif dans les grands etats wo sehr treffend erwiesen wird, daß der König unmöglich seinem ersten

gewiß

Allein die Vorsicht, welche oft aus einem höheren Endzwecke die ausge-
dachtesten Entwürfe durchcreutzet, erlaubte nicht die Ausführung eines für
Frankreichs Wohlfahrt so günstigen Entwurfes. Eine ehrlose Stadt I),
deren Nahmen die Nachwelt nur mit Abscheu aussprechen, und deren gerech-
te, und fürchterliche Bestrafung allen rebellischen und pflichtvergessenen Städ-
ten zum abschreckenden Beyspiele dienen wird, welche ihre strafbare Raserey
so weit treiben sollten, in ihre Fußstapfen zu treten, und sich an der Freyheit ihres Königs zu vergreifen, diese Stadt war frech genug, ihren König gefangen zu setzen. Er konnte durch ein einziges Zeichen dieses Hinderniß heben, allein es hätte Blut vergossen werden müssen, und Se. Allerchristlichste Majestät haben bey allen Gelegenheiten hinlänglich bewiesen, daß
Sie weit lieber sich selbst in gewissen Tod stürzen, als das Leben ihrer Unterthanen auf die Spitze stellen wollten 2) Zur Vergeltung einer so außerordentlichen Volksliebe, Großmuth und Seelengröße wurde der unglückliche
Monarch, unter tausend Gefahren und Mißhandlungen, gleich einem gemeinen Verbrecher in seine eigene Residenz gefangen zurück geführt 3) in
seinem Pallaste bewacht, von einer Versammlung rebellischer Unterthanen
seiner Würde entsetzet, obgleich keine Macht auf der Erde ein so ehrloses
und verruchtes Urtheil auszusprechen berechtigt seyn kann, und endlich zur
traurigen Wechselwahl verdammt, entweder dem Thron zu entsagen, oder
die erniedrigendsten Bedingungen einzugehen: das heißt zur Wechselwahl
zwischen einem bürgerlichen Krieg, der Frankreich in eine öde Grabstätte

E   ver-

---

gewiß aufrichtigen Eide für die Constitution zu nahe treten konnte, da die
Decrete, welche die königliche Würde vernichteten, und gegen die der König pro-
testirte, erst nach dem 4. Febr. erlassen wurden. Die Falschheit ist also ganz
von Seite der Versammlung.

I) Varennes.

2) Er durfte nur der Reuterey, die ihn begleitete, erlauben, mit dem Schwerte
in der Hand die wenige Nationalgarden zu zerstreuen.

3) Die Nationalversammlung begleitete diese Zurückführung absichtlich mit den
erniedrigendsten Umständen, um das königliche Ansehen recht tief herabzusetzen, und es ist gar kein Zweifel mehr übrig, daß hier das Uebergewicht der
republikanischen Parthey, vorher die Rasende genannt, bereits entschieden
war. Daher sah man als Vorbedeutung der geheimen Entwürfe dieser Schwär-
mer überall in Paris das Wort Königlich ausgelöscht.

verwandelt hätte, und zwischen der Annahme einer Conſtitution, welche der niedrigſte Pöbel einem Haufen Meineidiger ohne Vollmacht aufgedrungen hatte, die mitten unter Mordgewehren, Brandfackeln und den gräßlichſten Zuckungen des Aufruhrs und der Geſetzloſigkeit ſelbſt nicht frey waren. 1)

Wäre

---

1) Daß nicht nur in ſpäteren Zeiten, ſondern ſchon im Anfange der Sitzungen, daß ſelbſt zu Verſailles die Freyheit der Deputirten gefeßelt war, und beynahe alle Beſchlüße durch Furcht und Drohungen, oder Uebermacht erpreßt wurden, erklärte Mounnier ſelbſt: Seit dem Julius 1789 waren die Verſchwornen mit dem Pöbel dahin gelangt, daß ſie die Verſammlung beherrſchten. Der größte Theil der Mitglieder war immer gerecht und gemäßigt. Aber ſo oft die ſogenannte Volkspartheh einen Schluß erhalten wollte, warf ſie alles über den Haufen, was ihr im Wege ſtand. Sie ließ dem größeren Theile nur dann die Oberhand, wenn ſie glaubte, der Gegenſtand ſey nicht wichtig genug, um ſchon in Voraus einen Entſchluß zu faſſen, oder wenn die Anführer unter ſich ſelbſt uneinig waren. Lärm, Geſchrey, Auszichen, Beyfall klatſchen der Gallerien, Proſcriptionsliſten, Drohungen, Verläumdungen, Pasquille, Mißhandlungen von dem Pöbel: alle dieſe Waffen, deren man ſich in Paris ſo oft bedient hat, waren auch ſchon zu Verſailles gebraucht worden. Der Jacobinerclub exiſtirte ſchon, nur war ſeine Exiſtenz noch nicht öffentlich bekannt. Die Anführer der herrſchenden Partheh bereiteten in ihren Verſammlungen alle Mittel vor, um ihre Zwecke zu erreichen, und nahmen damahls ſchon, ſo wie ſie es jetzt noch thun, die Maßregeln, welche ſie die Tactik der Verſammlung nennen. Ich ſelbſt ſah mich mehr als einmahl genöthigt, Certificate für unglückliche Mitglieder der Verſammlung zu unterſchreiben, welche es gewagt hatten zu bedenklich zu ſeyn, welche nachher als ſie erfuhren, daß man ſie durch durch Verwüſtung ihres Eigenthums beſtrafen wolle, dringend bathen, daß man von ihrem Patriotismus Zeugniß geben möchte. Unſtreitig hätten ſich diejenigen Abgeſandten, welche dem Throne treu geblieben waren, untereinander verbinden ſollen, um ſo ſchädlichen Cabalen entgegen zu arbeiten; aber diejenigen, welche ſich verbunden hatten, machten die traurige Erfahrung, daß wenige Menſchen eben ſo thätig ſind Gutes zu thun, als Böſe es ſind, um Uibels zu thun. Wie oft habe ich nicht, nachdem ich den Angriffen eines von den Verſchwornen abhängenden Pöbels, den Pasquillen, den anonymen Briefen und dem Auszi ſchen eines Theiles der Verſammlung Trotz gebothen hatte — geſehen, daß dieſelben Perſonen, welche zu der Zeit, da ich vom Rednerſtuhl herabſtieg, mich

Wäre der König von Frankreich frey gewesen, würde er zuverläßig auf nichts Rückſicht genommen haben, als auf die Ehre ſeiner Crone, das Beſte ſeines Volks, ſeine Proteſtation vom 20. Junius und auf ſeine alte Religion, die man ihm mit Gewalt entreiſſen wollte. 1) Er würde gewiß weit lieber durch eine großmüthige Aufopferung ſein Leben dargebothen haben, um ſein Volk von einer vorgeblichen Conſtitution loszukaufen, durch die man daſſelbe zu unterdrücken ſuchte. Allein ganz Europa war Zeuge, daß die Weigerung der Annahme den drey treuen Leibgarden, die mit ihm zu Varennes gefangen wurden, das Leben gekoſtet hätte: daß ein erzwungener Mangel an Lebensmitteln die Erneuerung aller Gewaltthätigkeiten verkündigte: daß ein meuchelmörderiſcher Entwurf gegen die ganze königliche Familie von den Rotirern gefaßt war: daß man alle ihrem Gott und ihrem Könige noch treue Edelleute und Prieſter in Frankreich zum augenblicklichen Schlachtopfer beſtimmte, und daß die auswärtigen Mächte viele tauſend Böſewichter und königsmörderiſche Ungeheuer zu beſtrafen gefunden hätten. 2)

Die Hoffnung, daß die Empörer nach und nach ihre Schritte bereuen dürften, welche der König nie ganz aufgegeben zu haben ſcheint, verließ ihn auch jetzt nicht, und er ſchmeichelte ſich wahrſcheinlicher Weiſe durch dieſes letzte Merkmahl von Nachgiebigkeit ihre Wuth zu entwaffnen, und

E 2

ihre

---

mich ihres Beyfalls und ihrer Theilnahme verſicherten, einen Augenblick nachher gegen die Grundſätze votirten, welche ich vertheidigt, und welche ſie angenommen hatten. Appel au Tribunal de l'opinion publique. Und nach dieſer Schilderung der Verſammlung von ihrem Präſidenten ſelbſt kann man ſich noch über den Gang der Revolution verwundern?

1) Eine Section von Paris trug bereits darauf an, den König als Uibertretter der Geſetze zu belangen, weil er ſeinen Gottesdienſt von unbeeideten Prieſtern halten ließ, und der Abbé l'nEſent wurde am 2. October dieſes Jahres blos darum gemordet, weil er königlicher Beichtvater war!

2) Wenn der König alle dieſe Uebel abwenden, wenn er ſich und ſeinem Hauſe den Thron erhalten, wenn er ſelbſt der Gefangenſchaft entgehen wollte, mußte er wohl die ihm vorgelegte Conſtitution annehmen. Aber wie kann man im Angeſicht von Europa bey ſo vervielfältigtem Zwange behaupten, daß die königliche Annahme freywillig geweſen.

ihre unglückliche Blindheit zu zerstreuen 1). Der Zwang der Umstände, und die offenbare Abhängigkeit des Königs machten ohnehin die Annahme so ungültig, daß niemahls aus derselben Nachtheilige Folgerungen für Frankreichs Wohlfart gezogen werden können. Die Annahme geschah überdieß bloß Bedingungsweise, da der König ausdrücklich erklärte, daß die Erfahrung den Werth der Constitution bestimmen sollte. Mit einem Worte, der König mußte entweder die Constitution so wie sie ihm vorgelegt ward, annehmen, oder Frankreich allen Gräueln eines Bürgerkrieges, und der Gefahr aussetzen, unter seinen eigenen Ruinen begraben zu werden 2).

Der König unterzeichnete zwar, aber seine Hand war gefesselt, folglich die ganze Handlung ungültig. Die Protestation vom 20. Junius hatte ihr schon vorläufig alle Verbindlichkeit genommen. Ein Gefangener kann sich weder verbindlich machen, noch irgend einer Handlung durch seine Unterzeichnung eine gesetzmäßige Kraft ertheilen, noch eine rechtskräftige Annahme leisten, und ein Monarch, der in die traurige Nothwendigkeit versetzt ist zu schreiben, daß er frey sey, kann unmöglich in der That frey seyn. 3)

Dieses schreckliche Schauspiel der Gefangenschaft eines Königs in seiner eigenen Hauptstadt erfüllte alle Mächte mit so gerechten Unwillen, daß sie bereits ihre Maßregeln nahmen, um die Ehre des Diadems zu rächen. Weiland Se. Majestät der Kaiser foderten durch das Umlaufschreiben von Padua 4) alle Souveraine zu einer gemeinschaftlichen Vereinigung auf 5). Der Ver-

trag

---

1) Schreiben des Königs an die Nationalversammlung vom 18. September 1791.

2) Sonst würde schon damahls die republicanische Parthey die königliche Würde abgeschafft haben, und der Vorfall auf dem Marsfelde zeigt hinlänglich, daß es ihr nicht am Willen fehlte.

3) Diese Schlüsse sind nach dem Französischen Staatsrechte so richtig, daß wenn ein König in Gefangenschaft gerieth, der Thronerbe, oder wenn dieser noch nicht volljährig war, der nächste Prinz vom Geblüte, eben so wie bey der Blödsinnigkeit eines Königs unmittelbar Generallieutenant des Reiches ward.

4) Im Monath Julius 1791.

5) Die Demagogen in Frankreich haben zwar aus diesem Umlaufschreiben dem Wienerhofe die Absicht aufgebürdet, sich in die inneren Angelegenheiten Frankreichs mischen zu wollen. Allein wie wenig dieser Hof gesinnet war, sich in die

trag von Pillnitz bestimmte bereits die Umstände, unter welchen Seine kaiserliche Majestät, und Seine königliche Majestät von Preussen die Waffen ergreifen würden 1). Allein die Annahme Seiner Allerchristlichsten Majestät,

so

die einheimischen Ereignisse von Frankreich zu mengen, zeigt hinlänglich, daß
derselbe bey allen gewaltsamen Vorfällen und bey der augenscheinlichen Gefahr,
in welcher die königliche Familie und vorzüglich die Königinn schwebte, weder
den Wunsch einer Dazwischenkunft blicken ließ, noch eine andere kriegerische
Stellung annahm, als welche die unglückliche Lage seiner eigenen Niederlän-
dischen Provinzen nöthig machte, die doch zum Theile selbst das Werk der
Französischen Rottirer war. Aber von dem Augenblicke an, als der König
gefangen war, hörte sein Unglück auf eine bloße Hausangelegenheit von Frankreich zu seyn: es ward die Sache aller Könige. Laut und frech verkündigten
die Französischen Freyheitsapostel, daß sie überall ihre Grundsätze ausbreiten
wollen. Sie machten kein Geheimniß daraus, daß sie in allen Ländern be-
soldete Missionäre unterhielten, welche die Völker zu gleichen Gesinnungen be-
kehren sollten. Was in Frankreich geschah, war nun das Vorspiel dessen,
was in allen übrigen Europäischen Staaten gleichfalls geschehen mußte, und
kein Monarch durfte sich ein günstigeres Schicksal versprechen als Ludwig XVI,
sobald der Same der Anarchie und des Aufruhres auch in ihren Staaten Wur-
zeln faßte. Es stand die Verfassung, die Ruhe, die Wohlfart aller Europäischen Staaten auf der Spitze. Allen Monarchen drohete gleiche Gefahr,
ja selbst die republicanischen Regierungen konnten auf keine größere Sicherheit
Anspruch machen, da die Französischen Rottirer jede Art von Unterwürfigkeit
und Gehorsam mit dem Nahmen Sclaverey brandmarkten, und die alten
ehrwürdigen Republiken Euterens, ja die Englische Verfassung selbst eben
so sehr lästerten und verabscheuten, als die monarchische Form. Leopold II. war
daher bey der offenbaren Gefahr, in die das ganze Europäische Staatensystem
gerieth, vermöge des Ranges unter den übrigen Mächten, als Souverain
großer Reiche und Provinzen, als Oberhaupt eines Hauses, das so oft durch
seine Großmuth das Gleichgewicht unseres Welttheiles erhielt, nicht nur berechtiget, sondern verpflichtet, alle übrigen Souveraine und Staaten zur gemeinschaftlichen Vertheidigung aufzufodern. Diese Auffoderung geschah nach
den strengsten Grundsätzen einer unvermeidlichen Nothwehr; sie war nur
auf den Fall gerichtet, wenn die Verirrten nicht zu ihren Pflichten zurückkeh-
ren würden, und als man sich mit einiger Wahrscheinlichkeit die Herstellung
der Ordnung versprechen konnte, erklärte Leopold selbst durch eine ministerielle
Note die Suspension der getroffenen Maßregeln.

1) Erst als die herrschende Parthey in Frankreich ihren Hang zum republicanischen
System

so erzwungen und ungültig dieselbe auch war, schien eine neue Ordnung der
Dinge zu verkündigen. Sie machte die Gefahr weniger dringend, und die letztern Ereignisse gaben Hoffnung für die Zukunft. Es hatte das Ansehen, daß
die Unglücksfälle, welche diese Revolution verursachte, den größten Theil der
Nation selbst mit Besorgnissen erfüllten; daß diese Mehrheit zu gemäßigtern
Grundsätzen zurückkehrte; daß dieselbe die Nothwendigkeit selbst empfinde, eine
Regierungsform zu behaupten, die für ein großes Reich allein zuträglich, und
zugleich geeignet ist, dem Throne jene Würde und jenen Einfluß wieder zu
verschaffen, die mit einem monarchischen Staate wesentlich verbunden sind I).
Seine kaiserliche Majestät waren zwar durch diesen Anschein nicht ganz beru-
higet, allein sie wünschten, daß die mit Ihnen vereinigten Mächte einen Auf-
schub versuchen möchten, um wenn es möglich wäre, der Menschheit jene äus-
sersten

Systeme öffentlich an Tag legte; als sie in Paris gedungene Leute herumschick-
te, um überall die Worte: König und Königlich, auszulöschen: als man zu
glauben berechtiget war, daß diese absichtlich des Königs Flucht befördert hatte, um durch Mißhandlung desselben die Majestät aller Throne zu erniedrigen;
als die Suspension des Königs als ein Mittel gebraucht ward, um die Nation
nach und nach daran zu gewöhnen, sich auch ohne König regieren zu lassen —
wurde der Vertrag von Pillnitz unterzeichnet.

1) Depesche des Hrn. Fürsten von Kaunitz an mehrere Minister bey fremden Höfen
vom 12. Nov. 1791. Sehr schön sagt über diesen Gegenstand der erhabene Verfasser der drey Briefe eines Ausländers an ein Mitglied der constituirenden Nationalversammlung: „Unterdessen heiligte ein Decret der Nationalverf. die Unverletz-
barkeitdes Königs, und der Aufstand auf dem Marsfelde bewies, daß die republicanische Parthey noch nicht die stärkste war. Die Revision wurde geendiget, die
Verfassung dem Könige überreichet, von ihm angenommen, und diese Annahme so gar mit allen Formen bekleidet, welche dem Einwurf eines Mangels an
Freyheit zuvor kommen könnten. — Ludwigs Annahme der neuen Verfassung brachte bey allen Europäischen Mächten die Wirkung hervor, welche man
zu verlangen schien, und um diese Coalition, welche euch beunruhigen mußte,
völlig zu trennen, war weiter nichts nöthig, als unverändert auf der Bahn
fortzuwandern, welche durch die Constitution vorgezeichnet ward, indem alle
Höfe sie einstimmig anerkannten, als sie auf die Bekanntmachung des Königs
der Franzosen antworteten. Alles verkündigte endlich, daß die auswärtigen
Mächte euere Revolution als geendiget ansahen, so wie euere Constitution als
festgesetzt, und den König befreyet von der Gefahr, die ihm drohete, welche
ihre

ſterſten Mittel zu erſparen, zu welchen nun alle Mächte ihre Zuflucht zu nehmen gezwungen ſind 1).

Während dieſer Zeit ward eine außerordentliche Anzahl getreuer Franzoſen genöthigt, ihr Vaterland zu verlaſſen, wo ſie der Gegenſtand, oder
die Zeugen der größten Gewaltthätiakeiten waren, wo ſie umſonſt bey furcht-
ſamen oder beſtochenen Richtern Gerechtigkeit anflehten: wo die Geſetze
ſchwiegen, welche ſie ſchützen ſollten, und in den Händen der Rottirer nur
gegen ſie Kraft zu haben ſchienen 2). Sie verſammelten ſich auf dem Zurufe
der Ehre, der Pflicht und der Treue um den Brüdern des Königs und den
Prinzen vom Geblüte, welche gleichfalls aus ihrem Vaterlande vertrieben
wurden.

Eine neue gewaltſame Verſammlung, die eine Art von Stolz darin
zu ſetzen ſchien, die vorige an Ausſchweifungen zu übertreffen 3), erfrechte
ſich die königliche Majeſtät noch unanſtändiger zu behandeln 4), erſchwerte
die

---

ihre Theilnehmung erregt, und ihre Coalition erzeuget hatte." Aus dem Journal von Paris im 7. Stücke von Archenholz Minerva.

1) Daher erhoben einige der Emigranten die bitterſten und ungerechteſten Klagen gegen Leopold, und betrachteten das friedliche Syſtem des Wienerhofes
als das größte Hinderniß ihrer überſpannten Hoffnungen. Man ſehe die Flug-
ſchrift: Coup d'oeil ſur les interets politiques de differents Souverains
de l'Europe relativement à la revolution de France.

2) Die Härte der Verordnungen der geſetzgebenden Nationalverſammlung gegen
die Emigrirten verrieth zu offenbar die niedere Rachſucht der Deputirten des
dritten Standes, als daß es einer weitern Bemerkung nöthig hätte.

3) Und doch war die Mehrheit der Mitglieder, wie man aus der Lesſprechung
des Herrn La Fayette ſah, für die Conſtitution, für die Aufrechthaltung der
Ordnung, für das rechtmäßige Anſehen des Königs; aber wie Herr Mounnier ſo richtig ſagte, die Böſen beſitzen weit mehr Stärke und Muth Uibels
zu thun, als ſich die Guten ihnen zu widerſtehen, und dieſe Mehrbeit der Verſammlung hatte ſich gleich anfangs zu ſehr unter den Jacobiniſchen Gliedern ge-
ſchmiegt, als daß dieſelbe ſpät ihm der Minorität, die den Pöbel der Vor-
ſtädte auf ihrer Seite hatte, das Gleichgewicht halten konnte.

4) Decret vom Montage am 6. Februarius 1792, welches entſcheidet, daß der
Präſident der Verſammlung in ſeinem Schreiben an den König keine andere
Förmlichkeit beobachten ſollte, als welcher ſich der König gegen die Verſamm-
lung bedienen wüßte.

die Gefangenſchaft des Königs 1), ermunterte das Aufbrauſen demokrati-
ſcher Verſammlungen 2), vervielfältigte die Gefahren um den Thron 3),
mißbilligte die Gaſtfreundſchaft, welche auswärtige Fürſten den ausgewanderten Franzoſen bewilligten 4), und beleidigte durch ihre beyſpielloſe Ausge-
laſſenheit alle gekrönten Häupter von Europa 5). Sie verletzte ihre eigenen
Geſetze, ihre vorgebliche Verzichtleiſtung auf Eroberungen, bemächtigte ſich
der Grafſchaft Avignon 6), und des Stiftes Baſel 7), hielt ſich berechtigt,
mehre-

---

1) Da die Parole bey den inneren Wachen des Pallaſtes nicht der freye König, ſondern der geheime Unterſuchungsausſchuß, oder die mit demſelben ſo
enge verbundne Municipalität gab, und mehr als einmahl das königliche
Schlafgemach ſelbſt nächtlichen Nachforſchungen ausgeſetzet war.

2) Da ſie nicht nur beſtändig ſich weigerte, die Anklagen gegen das conſtitu-
tionswidrige Betragen der Jacobiniſchen Geſellſchaften anzunehmen, ſondern
vielmehr denſelben lauten Beyfall ſchenkte.

3) Durch Beſchuldigung der Miniſter, der treuen Diener des Königs, der Kö-
nigian, des Königs ſelbſt, vorzüglich bey jenen unverſchämten Behauptungen
der Briſſots, und Genſonets wegen des ſo offenbar bloß aus Verläumdung
auf die Bahn gebrachten öſterreichiſchen Ausſchuſſes.

4) Depeſche des Herrn Fürſten von Kaunitz an den Herrn von Blumendorf vom
17. Febr. 1792. Und auch hier gab der Wienerhof die auffallendſten Be-
weiſe ſeiner Mäßigung, da er durch die muſterhaften Vorſchriften für die
Niederlande zwar den unglücklichen Emigranten eine ſichere Zufluchtsſtätte
nicht verweigerte, aber zugleich alle Vorſichten brauchte, welche die Franzöſiſche Regierung beruhigen konnten.

5) Wer erinnert ſich nicht der muthwilligen, und höchſt unanſtändigen Declamationen der Briſſots, der François de Nantes, der Genſonets, der Fauchets,
der Guadets, und der übrigen Mitglieder dieſer Verſammlung? Beſonders
war der Wienerhof das Ziel ihres cyniſchen Witzes, und ſehr ſchön ſagt der
Verfaſſer der angeführten drey Briefe: „Die Abſichten des Wienerhofes mußten wohl recht friedfertig ſeyn, weil ungeachtet der Reden gegen ihn, die in
der Verſammlung Beyfall erhielten, (und auf Koſten der Verſammlung ge-
druckt und ausgetheilet wurden) weil ungeachtet der Maßregeln, die man
mit mehr Geräuſch und Koſten, als nützlichen Erfolge in Frankreich unternahm,
dieß Reich doch noch nicht angegriffen iſt.„

6) Man ſehe das Manifeſt, welches der Päbſtliche Hof gegen dieſe Gewaltthätigkeit bekannt machte.

7) Précis de ce, qui a eté dit, et decreté à l'aſſemblée Nationale à
Paris concernant — la Principauté de Porrentrui.

mehreren Fürsten und Ständen des Reiches einen willkührlichen Geldersatz für die Beraubung ihres rechtskräftigen Eigenthums in Lothringen und Elsaß aufzudringen 1), und betrachtete nöthige Polizepanstalten als Feindseligkeiten, welche in den benachbarten Ländern getroffen wurden, um empörende Schriften zu unterdrücken, welche sie verbreitete, und die aufrührerischen Missionäre ihrer Propaganda zu entfernen, welch von ihr in alle Theile der Welt ausgesendet wurden, um die Völker zu verführen, das Eigenthumsrecht zu stören, die Könige zu entthronen, und alle Religionen zu vernichten 2).

Diese Versammlung, deren Kühnheit mit der Straflosigkeit zuzunehmen, und durch die Mäßigung der benachbarten Fürsten neue Nahrung erhalten zu haben schien 3) faßte in ihrer Fieberhitze den Entwurf, ihre gewaltsamen Anmassungen und die Französische Zügellosigkeit über das ganze Deutsche Reich, und wahrscheinlich über die ganze Erde zu verbreiten. 4) Ein Ministerium, das sich der König anzunehmen gezwungen sah 5) wurde

F   de

_____

1) Dahin gehören die verschiedenen Vorschläge, welche mehreren Reichsfürsten von den Französischen Bevollmächtigten in einem bey dem Diplomatischen Corps bisher ungewöhnlichen Tone gemacht werden.

2) Nach der Rede des Herrn Dumourier, und der neuesten Offenherzigkeit des Nationalconventes ist die Existenz der Propaganda wohl kein Problem mehr.

3) Dieser Geist der Versammlung ist eine nothwendige Wirkung der Revolution. An die Stelle der Tugenden, sagt Herr Necker, die man vernichtet hat, und verspottet, sind der gröbste Egoismus und die unbegränzteste Eitelkeit getreten. Härte und Grausamkeit reissen überall ein, die eigenthümliche Nationalcultur wurde gleichfalls zerstört, und soll nun durch eine vermeintliche democratische Rauheit der Sitten ersetzt werden, welche die Nation bis auf die Sprache verdirbt. Daher der neue Ton in der Diplomatie.

4) Man denke nur an den abscheulichen Eid der Jacobinerclubs, und die unsinnigen Reden von Anacharsis Cloß und Consorten, die in der Assemblee so sehr beklatscher wurden.

5) Dieses Jacobinische Ministerium war in den Augen des besten Theiles der Nation selbst so verdächtlich, daß als von der Zurückrufung desselben die Rede gieng, André Chenier in das Journal von Paris nur folgende Worte an den König setzte: Ah Sire, voulez vous gater le 20. Juin?

be das Sprachrohr ihrer geheimen Absichten, und der sehr bekannten Entwürfe demokratischer Gesellschaften 1).

Von dem Wienerhofe wurden Erklärungen gemacht, und mit aller der Deutlichkeit, Genauigkeit und Umständlichkeit gegeben, als es die Aufrichtigkeit und die Würde Seiner Apostolischen Majestät erforderten 2) Allein gerade diese befriedigende Antwort mußte einer Versammlung, mußte Gesellschaften misfallen, welche den Frieden zu brechen bereits entschlossen waren, und durch ihre Ränke und strafbare Kunstgriffe den König endlich zwangen, der gewaltsamen Leitung seines Ministeriums nachzugeben, und gegen alle Gerechtigkeit, gegen alle Vernunft, gegen die offenbare Wohlfahrt von Frankreich selbst, seinem Nachbar, seinem Verwandten, seinem guten und treuen Bundesgenossen dem Könige von Hungarn und Böhmen den Krieg zu erklären. 3)   Die cronenräuberische Versammlung wähnte, durch

---

1) Daß die herrschenden Glieder der Versammlung mit dem eingedrungenen Ministerium vollkommen einverstanden waren, beweiset die Bereitwilligkeit, mit welcher sie wechselweise ihre Entwürfe unterstützten, und der Streit, welcher zwischen den Partheyen über die Verwendung der sechs Millionen ausbrach, die dem Minister der auswärtigen Angelegenheiten zu geheimen Ausgaben der Propaganda bewilliget worden, zeigt den uneigennützigen Geist der Hosenlosen!

2) Man sehe darüber die Gegenerklärung des Wienerhofes, wo die Ungerechtigkeit und das hinterlistige Betragen des damahligen Französischen Ministeriums treffend beleuchtet sind.

3) Nichts kann auffallender sey, als daß die Regierung eines Landes, wo die neue Einrichtung noch nicht die nöthige Festigkeit erhielt, die Armee ohne Zucht ist, ein großer Theil der Einwohner selbst in Geheim die neue Ordnung der Dinge verabscheuet, muthwillig einen Krieg anfange. Allein die Faction, welche das unglückliche Reich unterdrückt, sah den Krieg als das einzige Mittel an, die königliche Gewalt zu vernichten, und ihre republicanischen Träume geltend zu machen. Wie Andre Chenier sehr richtig sagte, ihr Entwurf war auf jeden Fall gefaßt. Hätten die ersten Unternehmungen der Erwartung entsprochen, so würde man jeden Sieg als eine Niederlage für die Freyheit, jede Eroberung als einen Keim des Despotismus dem Volke vorgestellet, und dasselbe durch Schreckbilder in Wuth gesetzt haben, den Hof zu vernichten, bevor dieser durch die glücklichen Fortschritte seiner Waffen zu mächtig würde. Nachdem aber der Erfolg so unglücklich war, als er nach den getroffenen Maßregeln es seyn mußte, hatte man die schönste Gelegenheit über Verrätherey des

durch eben die Mittel Europa zu unterjochen, durch welche sie Frankreich unterdrückt hatte, da sie sich bestrebte, die Truppen in Aufruhr zu bringen, die Unterthanen zu verführen und zu empören, das väterliche Ansehen der Souveraine gehässig zu machen, Verbrechen zu empfehlen und um jeden Preis zu erkaufen, die Leidenschaften der Völker in Bewegung zu setzen und durch Schmeicheleyen zu erhitzen, und mit einem Worte alle Bande der bürgerlichen Gesellschaft und der Sittenlehre zu zerreissen. Vorzüglich weidete sie sich mit der Hoffnung, den Irrwahn, welcher vor kurzem die Provinzen der Oesterreichischen Niederlande in Gährung gebracht, wieder anzusachen und weiter zu verbreiten. Sie rechnete mit Zuversicht darauf, in diesem Lande zahlreiche Mitgenossen ihrer Verbrechen zu finden, die Fackeln des Aufruhrs von neuem anzuzünden, die reichen Stiftgüter der Kirchen zu verschlingen, sich des Eigenthums des Adels zu bemächtigen, und wie sich dieselbe in ihrem eigenen Schooße durch den Minister ihrer Schöpfung mit Wohlgefallen wiederhohlen ließ 1) alles baare Geld an sich zu reissen, und dasselbe durch jenes Papiergeld zu ersetzen, welches unter Bürgschaft der Gewalt in Umlauf gebracht worden, angemaßte Güter zur einzigen Bedeckung hat, und durch den Unwerth in seinem eigenen Lande die innere Ungerechtigkeit a..der Stirne trägt. Auf diese Art glaubte sie die Gewaltthätigkeiten ihrer Satelliten, und den brennenden Eifer revolutionssüchtiger Patrioten durch den Raub seiner Nachbarn und eines arbeitsamen und friedlichen Volkes zu bezahlen. Auf dieser strafbaren und in den Augen aller Nationen empörenden Grundlage stützte sich ihr Wunsch für den Krieg, ihr Entwurf zur Führung desselben, und ihre Freude den billigsten Monarchen selbst zum Vorschlage der Feindseligkeit gezwungen zu haben, dessen ganzes Leben standhafte Liebe für die Gerechtigkeit, unverbrüchliche Treue gegen die Bundesgenossen, und den aufrichtigsten Wunsch für die Erhaltung der Ruhe von Europa darstellte 2).

F 2 Da

des Hofes und dessen Einverständniß mit den Feinden loszuziehen, und durch Aufreitzung der Eigenliebe, und des gekränkten Stolzes des großen Haufen den Thron gehässig zu machen, denselben als die einzige Quelle aller Unglücksfälle anzugeben, und die Scenen vom 10. August zu veranlassen.
1) Bericht des Herrn Dumourier über den Vorfall bey Mons.
2) Gegenerklärung des Wienerhofes.

Da die Vorſicht die Waffen eines Fürſten ſegnete, der ungerechter Weiſe angefallen ward, ſtrafte ſie zugleich die Truppen der Rebellen, welche ihren König in Paris gefangen hielten, und in deſſen Nahmen ſeine Bundesgenoſſen angriffen. Als die Armee der Franzöſiſchen Empörer nach den Niederlagen zu Tournay und Mons, zu Florenne und Glisvelle einen Einfall in Weſtflandern machte, welches Land offen und ohne Vertheidigung war, und auch dieſes bald verlaſſen mußte, ſah ſie ſich gezwungen, der anmaſſenden Verſammlung ſelbſt zu berichten 1) daß Seine Apoſtoliſche Majeſtät nur muthvolle Soldaten und treue Unterthanen in ihren Staaten zählten, und daß ihnen von ihren ſtrafbaren Entwürfen nichts übrig geblieben, als die Schande dieſe entworfen, das Bubenſtück in ihrer Bürgerfreude wehrloſe Gefangene, die ihre Schuldigkeit gethan, niedergemacht, und endlich der Schimpf zu Courtray ohne Nutzen, ohne Endzweck, ſelbſt ohne Kriegsvorwand die Wohnungen und Beſitzungen von 300 Familien in Brand geſteckt zu haben, die ihnen nichts zu Leide thaten.

Allein die uſurpirende Verſammlung wurde für dieſe vereitelten Entwürfe bald durch glückliche Ereigniſſe anderer Art ſchadlos gehalten. Die Verſammlung dankte gegen den ausdrücklichen Inhalt ihrer eigenen Geſetze, ohne vorläufige Unterſuchung, ohne rechtliches Verfahren, ohne ſelbſt die Beſchuldigten, oder einen Vertheidiger derſelben anzuhören, eine tadelloſe Garde ab, und entfernte ſie von dem Könige, berief aus allen Provinzen Räuberhorden zu ihrem Beyſtande, von jenen berüchtigten Räubern, deren Nahme der Abſcheu der ſpäteſten Jahrhunderte ſeyn wird, und gleichſam als wenn die Verſammlung ihre Kräfte und den Grad der Strafbarkeit ihrer Sachwalter hätte prüfen wollen, ließ ſie am 20. Junius die Zufluchtsſtätte des Königs ſelbſt anfallen, und die größten Verbrechen waren bereits der Vollendung nahe, wenn nicht die Majeſtät eines großen Monarchen, ſeine Tugend, ſeine Standhaftigkeit der Horde der Königsmörder, der Ehrfurcht gebothen hätte, deren Arme offenbar geleitet und bezahlt waren. Ganz Frankreich, welches man ohne Ungerechtigkeit nicht mit den Rottiren nicht verwechſeln darf, empört ſich mit Abſcheu gegen dieſen verruchten Tag, und fordert laut gegen die Beſtrafung der Schuldigen. Allein die
Wei-

---

1) Schreiben des Hrn. Lukacr vom 28. 29. und 30. Junius 1792.

Weigerung Verbrechen zu bestrafen, bezeichnet hinlänglich die Theilnahme derselben, und niemand in Europa kann die eigentlichen Urheber dieser Gewaltthätigkeiten verkennen 1)

F 3   Die-

---

1) Hier hört der französische Verfasser auf, aber die Hofnungen, welche man sich nach der lauten Aeußerung so vieler Gutgesinnten mit einem hohen Grade von Wahrscheinlichkeit machte, daß die Verschwornen nach diesem letzten mislungenen Versuche ihre hochverrätherischen Entwürfe aufgeben würden, und daß die Sache des Königs, der Gesetze, der neuen Constitution selbst endlich triumphiren dürfte, diese Hofnungen blieben leider unerfüllt, und es erfolgten gräßlichere Auftritte, als je befürchtet worden. Zwar dauerten die Dankadressen an den König für seine am 20 Junius bezeigte Standhaftigkeit noch immer fort, ein großer Theil der Bürgermiliz von Paris, der ganze Generalstab derselben, die Armeen erklärten sich gegen die Rottirer: La Fayette erschien persönlich vor den Schranken der Versammlung, und begehrte ihre Bestrafung: das würdige Departement von Paris enthob die Haupturheber des letzten schändlichen Aufstandes Pethion und Manuel ihrer Amtsverrichtungen, welche ihren niedern Ränken Kraft geben konnten, und in der Nationalvers. selbst vermehrten sich die Freunde der Ordnung und des Königs. Allein die böse Rotte, welche einmal die Vernichtung der Monarchie, und die Gefangennehmung des Königs und der kön. Familie beschlossen hatte, ließ sich durch diesen Anschein von Hindernissen nicht abschrecken, und verfolgte jenen Plan, welchen der Minister Roland in dem unverschämten Schreiben an den König so deutlich bezeichnete. Obgleich der König seine Einwilligung zu dem Lager von Paris, und zur gewaltsamen Vertreibung der unbeeideten und treuen Clerisey verweigerte, wurde doch das von ihm vorgeschlagene Lager von Soissons zum Vorwande gebraucht, die Marseiller und Bresler und die übrigen Jacobinischen Zeloten nach Paris zu ziehen. Man reizte das Volk zu Gewaltthätigkeiten gegen die unbeeideten Priester, und bürdete die Unglücksfälle an den Gränzen, die doch das Werk der unüberlegten Maßregeln des Jacobinischen Ministeriums waren, der Verrätherey des Hofes auf. Die herrschende Parthey der Nationalversammlung bewirkte die Wiedereinsetzung Pethions, und die Rottirer hielten sich bereits am Bundestage (den 14 Julius) stark genug, um die Ausführung ihrer neuen Verschwörung zu versuchen, aber der Patriotismus und die Tapferkeit der Grenadiere der Bürgermiliz von Paris rettete das Leben des Königs und der königlichen Familie, und vereitelte zugleich an diesem Tage die Ausführung der Entwürfe der Verschwornen, aber nicht ihre Entwürfe selbst. Vielmehr arbeiteten sie mit größten Beharrlichkeit, und der feinsten Politik an der Befestigung derselben. Alle Jacobinischen Clubs des Reichs vereinigten sich mit jenem von Paris, um durch die kühnsten Adressen die Bestrafung La Fayettes, und des Departements von Paris, die Einsetzung eines neuen Generalstabs bey der Miliz, die Zurückberufung der Jacobinischen Minister, die Entfernung der Linientruppen und Schweizer, ja sogar die Suspension und gänzliche Abziehung des Königs mit der ungestümen Heftigkeit von der Versammlung zu fordern, und diese nahm dieselben nicht nur mit lautem Beyfall auf, sondern schickte sie sogar mit einer ehrenvollen Empfehlung in alle Provinzen des Reichs. Als diese Schandschriften die erwartete Gährung hervorgebracht, die Anzahl der Föderirten sich in Paris vergrößert, die Nationalgarden durch Duldung des von den Marseillern zugefügten Schimpfes ihre Muthlosigkeit, oder wenigst ihre Abneigung zu einem ernsthaften Widerstand an Tag gelegt,

Dieß ist ein getreuer Abriß der Französischen Revolution, welche ungerecht und gesetzlos in ihrer Grundlage, und verabscheuungswürdig in

---

geleget hatten, war nichts weiter mehr nöthig, als den leichtgläubigen und aufrührerischen Pöbel von Paris durch das Gerücht in Wuth zu bringen, daß der Hof, der ehemalige Adel, die unbeerdete Clerisey bereits den Tag bestimmt hatten, alle Freunde der Revolution anzufallen und zu ermorden, und Paris selbst mit Feuer und Schwert zu verheeren. Umsonst widerlegte die Unmöglichkeit der Ausführung bey so schwachen Mitteln die Verläumdung der Rottirer: umsonst betheuerte der König durch feyerliche Proclamationen seine Unschuld: umsonst zeigte der größere Theil der Nationalverschwört durch La Fayettes Lossprechung seine pflichtmäßigen Gesinnungen. La Fayettes Lossprechung ward das Zeichen zum fürchterlichsten Aufstande. Die Deputirten, welche für die gute Sache gestimmet waren, wurden durch meuchelmörderliche Anfälle und Proscriptionslisten aus dem Versammlungssaale ausgeschlossen, die Commendanten der Miliz ermordet, die Municipalität bis auf Manuel und Pethion eigenmächtig abgesetzt, die unruhigsten Aufrührer mit dictatorischer Gewalt bekleidet, und der tollkühne Bierbrauer Santerre zum Generalcommandanten ernannt. Nun rückte der rasende Pöbel mit Kanonen und Pulverkarren, und 1000 Mordgewehren gegen die Residenz seines Königs, der unglückliche Monarch flüchtete mit seiner Familie in die Versammlung, fand aber auch hier nur Verschworne, und eine kaltsinnige Aufnahme, und erhielt die Loge eines Zeitungsschreibers zu seinem Aufenthalte, um größern Demüthigungen ausgesetzt zu seyn. Im kön. Pallaste hatten zwar die treuen Schweizer die Wache, aber der König, der nie aufhörte, Vater seines Volkes zu seyn, untersagte ihnen ausdrücklich, auf die Unsinnigen zu feuern, und erst als mit Kanonen auf sie geschossen ward, that ein Theil derselben einigen Widerstand. Sie waren aber bald übermannt und niedergehauen, und ihre unbewafneten Brüder hatten ein gleiches Schicksal, oder wurden zur ordentlichen Hinrichtung aufbewahrt. Der Pallast selbst wurde mit Sturm eingenommen, geplündert, und zum Theil in die Asche geleget. Alles was königlich gesinnt zu seyn schien, fiel unter den Streichen der Meuchelmörder, ohne Rücksicht des Standes, Alters, Geschlechtes, oder wurde in die tiefsten Gefängniße geworfen, und die kannibalische Wuth des Pöbels konnte durch das Schauspiel so vieler Hinrichtungen kaum gesättiget werden. Während dieser Gräuelthaten, welche die gegenwärtigen Mitglieder der Versammlung selbst veranlaßt, folglich nur schwach zu hindern suchten, schritt diese, obgleich der größte Theil der Deputirten abwesend war, zur Suspension des Königs, ohne für dessen Gegenwart die geringste Achtung zu haben, und übertrug eben so willkührlich ihren Straßgenossen den Jacobinischen Ministern die königl. Gewalt. Sie gestattete darauf, daß der König mit seiner Familie auf Manuels Befehl zwischen den Reihen bewafneter Mörder über die Ruinen der Ehrensäulen seiner Vorfahren in den Tempel zur Verwahrung gebracht, seiner Bedienung beraubt, und endlich gar, gleich einem Criminalverbrecher, von seiner Familie getrennt, und einzeln bewacht ward. Allein da an dem schändlichen Tage des 10. Aug. noch nicht alle Schlachtopfer fielen, welche die Rachsucht der Rottirer bezeichnet hatte, und sie befürchten musten, daß bey einer nähern Untersuchung die Unschuld der Angeklagten, ihre Verläumdung gegen den Hof, und das ganze Blendwerk einer vorgeblichen Gegenrevolution aufgedeckt werden dürfte, nahmen sie bey der unbegränzten Leichtgläubigkeit und Reitzbarkeit des Pariserpöbels zu dem alten Vorwande ihre Zuflucht. Sie

in ihren Hilfsmitteln und Triebfedern nur die traurigſten Wirkungen hervorbringen konnte. Ihre Kaiſerliche und Königliche Majeſtäten ſahen ſich daher nothgedrungen, um die Menſchheit von ſo vielen Ausſchweifungen zu befreyen, ihren wechſelſeitigen Verbindungen volle Kraft zu geben, und betrachten die Franzöſiſche Revolution unter folgenden Rückſichten:

    I. Der Perſon Seiner Allerchriſtlichſten Majeſtät;

    II. Der Franzöſiſchen Nation ſelbſt;

    III. Der Deutſchen Fürſten, welche in Frankreich Beſitzungen haben;

IIII.

Sie überredeten den großen Haufen, daß Paris von einigen 100 wehrloſen und gefeſſelten Gefangenen eine neue Gegenrevolution zu beſorgen hatte, um ſich deßelben zur Ermordung derjenigen zu bedienen, die ihn vielleicht durch ihre Ausſagen aus ſeinem Irrthume reißen konnten. Und die Unverſchämtheit der Rottier gieng ſo weit, daß ſie dieſe Vertheidigung der Mordnacht vom 2. Sept. und der ſpätern eben ſo gräulichen Niedermachung der Gefangenen von Orleans ganz Europa aufzudringen ſuchten. Die gänzliche Zerrüttung aller öffentlichen Ordnung, der Ausbruch der Eiferſucht, und der Cabalen unter den Verſchwornen die Gefahr, in welche die Mitglieder der Nationalverſammlung ſelbſt geriethen, benahm endlich dieſer den Muth, länger die große Laſt der Verantwortung zu tragen. Unter dem ſcheinbaren Vorwande, ihre Aufträge nicht überſchreiten zu dürfen, berief ſie den gegenwärtigen Convent, als wenn die Abſetzung des Königs, die Mißhandlung der ganzen königlichen Familie, die Duldung des eigenmächtigen Ausſchuſſes der Sectionen von Paris, der ſeinen Wirkungskreis über alle Provinzen und in alle Zweige der öffentlichen Verwaltung auszudehnen ſuchte, die Aufhebung der Decrete von den Activbürgern, und die Einführung des neuen Reiches der Gleichheit, die Zerſtörung aller königlichen Denkmale und die gewaltſame Vorbereitung der republicaniſchen Verfaſſung, ihre Vollmachten nicht überſtiegen, ſondern in der von ihnen ſo oft beſchwornen Conſtitution gegründet geweſen? Was Wunder, wenn die Unordnung eine ſolche Höhe erreicht, daß weder die Befehle der Miniſter, noch jene der Verſammlung ſelbſt geachtet werden: daß die Verſchwornen einander ſelbſt auf die Proſcriptionsliſten ſetzen: daß die geſetzgebende Nationalverſammlung von Frankreich von einem zügelloſen Pöbel das Leben ihrer unverletzbaren Mitglieder erbetteln muß: daß endlich in dem gegenwärtigen Nationalconvente der Ausbruch der Thätlichkeiten in der Verſammlung ſelbſt zu beſorgen war, und daß Frankreichs neue Revolution von einer neuern Revolution bedrohet wird? Was Wunder, wenn dieſe Verſammlung, welche behauptet von der Nation berufen zu ſeyn um ihre Rechte ſicher zu ſtellen, und ihre Wohlfahrt feſt zu gründen, ſich von dem Schwindelgeiſte hinreißen läßt, eben die Conſtitution, welche man mit ſo vielem Prunke als das Muſter der Verfaſſungen aufgeſtellet, ſelbſt zu verwerfen, die Monarchie, welche 14 Jahrhunderte das Glück und den Wunſch der Nation ausmachte, in dem Taumel eines Augenblickes ohne die geringſte Berathſchlagung zu zerſtören, und durch dieſen unüberlegten und gewaltſamen Schritt die Fortſetzung eines Kriegs zu verewigen, der Frankreichs Unglücksfälle nothwendig vermehren muß?

III. Der allgemeinen Sicherheit von Europa und der Glückseligkeit aller Völker.

1. Von der Französischen Revolution in Rücksicht der Person Seiner Allerchristlichsten Majestät.

Es ist bekannt, daß es zur Wesenheit der Französischen Monarchie gehörte, und daß es der Wunsch aller schriftlichen Aufträge der Provinzen war, daß der König allein Gesetzgeber seyn, der Armee Befehle ertheilen, die Gerechtigkeit verwalten, das Recht des Friedens und Krieges ausüben, und die ganze Fülle der obersten Macht inne haben sollte 1) Die usurpirende Versammlung ließ ihm zwar den unfruchtbaren Titel eines Königs, und schien dafür noch Dank zu erwarten, aber sie entriß demselben in der That alle königlichen Vorzüge und Majestätsrechte. Sie verwandelte ihn in einen bloßen Vollstrecker ihrer Beschlüsse 2), in ihr knechtisches unthätiges Sprachrohr. Er verlor selbst die Befugniß, Gesetze in Vorschlag zu bringen, wenn auch dieselben noch so dringend seyn mögen 3). Er hat über die Land- und Seetruppen kein Ansehen mehr 4). Die Ernennung der Magistrate hängt nicht mehr von ihm ab 5), und er genoß selbst nicht des Rechtes zu gehen wohin es ihm beliebte, welches doch die Constitution jedem Bürger versichern will 6), da der Allerchristlichste König gezwungen ist, seine Residenz bey dem gesetzgebenden Cörper aufzuschlagen, und die Kette, welche ihn festhält, nicht über 20 Meilen sich ausdehnen darf. 7).

Da die oberste Gewalt in Frankreich unveräußerbar, und unheilbar ist, konnte der König weder der Majestätsrechte beraubt werden, noch sich selbst

---

1) Daher sahen sich selbst die Häupter der Verschwornen gezwungen Ludwig XVI. auf den Vorschlag des Grafen von Laly Tolendal den Titel des **Wiederherstellers der Französischen Freyheit** zu ertheilen.

2 Constitution Françoise Art. 8. Sect. de l'Administration interieure.

3) Decret vom 24 Sept. 1789.

4) Decret vom 28. Febr. 1790 und 28. Apr 1791.

5) Decret vom 16. Aug. 1790.

6) constit. Franç. T I 3.

7) Decret vom 24. März 1792. 3. Art. Mit dieser Behauptung des Französischen Verfassers stimmt Herr Necker Du pouvoir executif dans les grands Etats vollkommen überein, wo er zeigt, daß der Präsident des Congresses der vereinigten Staaten von Amerika weit mehr Gewalt habe, als ein König von Frankreich nach der Constitution, ja daß selbst in der kleinsten Republik den Magistraturen eine größere Kraft beygelegt sey.

selbst berauben, weil er verbunden ist, dieselben in ihrem ganzen Umfange mit der Crone seinem Nachfolger zu überliefern 1).

Die Niederlegung der Crone allein konnte Ludwig XVI. seiner königlichen Vorzüge berauben: allein die einzelnen Verzichtleistungen, zu welchen der König gezwungen worden, können nicht einmahl als eine theilweise geschehene Abdankung betrachtet werden, da die Rückkehr des Königs in den Privatstand nothwendig den nächsten Thronerben mit der Majestät bekleiden mußte, und es zur Gültigkeit einer solchen Verzichtleistung erforderlich ist, daß der Verzichtleistende einer vollkommenen Freyheit genieße, welche der König weder damahls noch später gehabt hat. Denn es ist weltkündig, daß die Gewaltthätigkeiten, Beleidigungen und Gefahren, die seinen Völkern droheten, dem Könige nicht einen Augenblick von Freyheit gestatteten. Wie kann man nun verlangen; daß die übrigen Mächte eine Revolution als rechtmäßig anerkennen sollen, welche zum Aergernisse der ganzen gesitteten Welt, einen mächtigen und gerechten Monarchen von Thron stürzt, seiner Freyheit täglich zu nahe tritt, das Leben dieses Königs, der ganzen königlichen Familie unaufhörlich bedrohet, und die durch ein allgemeines System von Zügellosigkeit alle Souveraine zwingen wird, die Beleidigungen, welche gegen Ihre Allerchristlichste Majestäten verübet worden, als eine persönliche Beleidung anzusehen, wenn sie auch keine gemeinschaftliche Ehre zu vertheidigen hätten.

Ihre Kaiserliche und Königliche Majestäten hatten so viele Beyspiele der zügellosesten Gewaltthätigkeiten früherer Zeiten: den 13. 14. 17. Julius, und 6. October 1789, die auf eine so empörende Art von der Gemeinde von Paris belohnet worden 2): den Freyheitsschwur eines gefangenen Monarchen am 4. Hornung 1790: die ärgerlichen Beschimpfungen, die man sich im Wohnungssale Seiner Majestät gegen dessen treueste Diener erlaubte: die wüthenden Drohungen eines gedungenen Pöbels,

G   und

---

1) Lauter unumstößliche Sätze des alten Französischen Staatsrechtes.
2) Der Bürgerrath von Paris theilte den 5 Weibern, welche sich bey diesem verruchten Zuge nach Versailles am meisten ausgezeichnet hatten, Medaillen an Nationalbändern aus, und der Abbé Mulot, Präsident der Gemeinde, überreichte sie ihnen öffentlich mit folgenden Worten: Empfangt die Belohnung, welche das Vaterland eurer Tugend, eurer Weisheit, und eurem Patriotismus zuerkannt hat!

und einer ausgelassenen Miliz, welchen Seine Majestät und die ganze königliche Familie den 18. April 1791 ausgesetzet waren 1): die thätliche Anhaltung der Tanten des Königs zur Arnay le Duc, ob diese gleich abgestiegen waren, sich Pässe geben zu lassen, welche damahls noch selbst die neuen Gesetze für bloße Privatpersonen nicht foderten! die unglücklichen Ereignisse des Monaths Junius 1791: die Abdankung der königlichen Leibwache, und die schändlichen Auftritte des 20. Junius 1792: das gehässige Anklagdecret gegen die Brüder des Königs, dessen erzwungene Genehmigung die Natur, die Gerechtigkeit und das höchste Ansehen gleich stark beleidiget: endlich die Straflosigkeit so vieler Unthaten, vor Augen, daß dieselben bereits vorläufig gegen alle Handlungen, Erklärungen, Sendschreiben, welche Sr. Majestät sollten untergeschoben, oder aufgedrungen werden feyerlich protestirt haben, und protestiren, bis der der König mit seiner Familie in eine vollkommene und gänzliche Freyheit gesetzt, unter der Bewachung der Truppen Ihrer Majestäten in irgend einer Gränzstadt nach eigenem Belieben, und in vollkommener Sicherheit allen Unterthanen seinen entscheidenden und höchsten Willen bekannt machen, und die Wünsche erfüllen kann, von welchen er von jeher durchdrungen war, um sein Volk glücklich und wahrhaft frey zu machen, und demselben einen dauerhaften Wohlstand zu versichern 2).

II.

---

1) Der König und die Königinn wollten einen Tag zu St. Cloud zubringen. Der Pöbel und die Nationalgarden hielten sie auf ihrer Reise auf, und führten den Wagen mit Gewalt in den Hof der Tuillerien zurück, wo beyde Majestäten den schrecklichsten Verwünschungen einer unsinnigen Menge über drey Stunden ausgesetzt waren. Herr von La Fayette war gegenwärtig.

2) Declaration de son Altesse Serenissime le Duc regnant de Brunsvic &c., woraus sehr deutlich zu ersehen, daß beyde Majestäten zwar dem Rechte und der Billigkeit gemäß verlangen, daß der König vollkommene Freyheit habe, mit seinen Unterthanen über eine Constitution übereinzukommen, aber für Sich nicht die geringste Absicht haben, sich in die innern Angelegenheiten des Reiches zu mischen, oder der Nation irgend eine Verfassung aufzudringen.

II. Von der Französischen Revolution in Rücksicht der Nation selbst.

In Rücksicht der Französischen Nation ist die Revolution anstatt ihr Werk zu seyn 1) vielmehr eine Geissel derselben, der Gegenstand ihrer Klagen, die einzige Quelle ihrer Unglücksfälle, und sie würde ihr zum ewigen Schimpf, und zu einer unauslöschbaren Schande gereichen, wenn es nicht durch tausend verschiedene Vorfälle erwiesen wäre, daß diese erlauchte Nation die Rottirer selbst verabscheue 2), welche sie zerrütten: daß sie den König innigst liebe: daß sie ihre alte Religion zu erhalten wünsche, ohne der Duldung abhold zu seyn: daß sie dem Augenblicke mit Sehnsucht entgegen sehe, der sie von dem erniedrigenden Joche befreye, unter welchem sie nun ihren Nacken beugen muß 3): daß, wenn nicht fremde Mächte ihr zu Hülfe kämen, und sie ihrem traurigen Schicksale allein überlassen bliebe, ihr politisches Ansehen zerstöret, ihr Handel vernichtet, ihre Künste vergessen, ihre Manufacturen des Absatzes beraubt, ihre Besitzungen schwankend, und alle ihre Provinzen weit größeren Grausamkeiten, Verschwörungen, und Zerstörungen ausgesetzet seyn würden, als es die einst so blühenden und nun so unglücklichen Colonien, als es die bedauerungswürdigen Städte von Nismes, Montpellier, Arles, und Avignon leider schon sind. 4)

G 2

Anstatt

---

1) Zur Vertheidigung der Rechtmäßigkeit der Französischen Constitution beruft man sich auf die einstimmige Aufnahme der ganzen Nation: allein man sehe Neckers Werk: Du pouvoir executif dans les grands Etats, wo sehr treffend gezeigt wird, wie wenig ein solcher erschlichener Beyfall zu bedeuten habe, der durch Ueberraschung, die Zauberkraft einzelner Worte, den Strom einer allgemeinen Gährung, durch eine Reihe zufälliger Umstände zwar sehr leicht erhalten wird, aber bald sich die Leidenschaft und Uiberspannung gelegt, eben so geschwind wieder verlohren geht.

2) Herr Necker erweiset auch, daß die Wahl der Mittel so schlecht war, daß die Nation niemahls etwas Gutes erwarten konnte, und was soll dieselbe von ihrem gegenwärtigen Convente erwarten, wo nur die hitzigsten Köpfe, und unruhigsten Glieder beyder Versammlungen Sitz und Stimme erhalten. Unglückliches Frankreich!

3) Auch der würdige Andre Chenier berief sich in seinem Aufsatze über die neuesten Intrigen der Französischen Demagogen, auf den Abscheu der unermeßlichen Majorität des Nation, welche eigentlich das Französische Volk ausmacht.

4) Aus diesen Gesichtspuncte haben beyde Majestäten den Einmarsch ihrer Armeen allein anbefohlen. Les deux cours ne se proposent d'autre but, que le bonheur de la France. Declaration &c.

Anstatt also, daß Ihre Majestäten den Endzweck haben sollten, die Französische Nation zu bekriegen, oder dieselbe von ihrem Könige, mit dem sie nur ein gemeinschaftliches Ganzes ausmachen kann, trennen zu wollen, gehen vielmehr Ihre ernstlichsten Wünsche dahin, ihr zu Hülfe zu kommen, und mit ihr vereinigt die unnatürlichen Kinder zu bekämpfen, die ihren mütterlichen Schooß zerreissen, ihren König mißhandeln, ihre Religion zerstören. — Wenn das positive Recht aller Völker befiehlt, die Rasenden zu entwaffnen, die an sich selbst Hand anlegen: wenn das Naturrecht allen Menschen die Verbindlichkeit auflegt, einander wechselweise zu Hülfe zu kommen; um wie vielmehr fodert das Völkerrecht, welches unter allen gesitteten Nationen bestehet, alle benachbarten Staaten zur Vereinigung auf, um eine große Nation ihrer eigenen Wuth, und den traurigen nothwendigen Folgen eines politischen Tollsinnes zu entreissen, der ihren Wohlstand untergräbt, ihre Vereinigungsbande auflöst, und sie ganz zu zerstören drohet.

Wenn man nur einen flüchtigen Blick auf die schreckliche Reihe von Begebenheiten wirft, welche Frankreichs Elend hervorbrachten: wenn man über die Ursachen und Wirkungen derselben nachdenkt, wenn man die große Auswanderung Französ. Güterbesitzer berechnet, von welcher man in keinem Jahrhunderte ein ähnliches Beyspiel findet: wenn man den muthvollen, und unerschütterlichen Widerstand der getreuen, und aufgeklärten Minorität der allgemeinen Stände nicht aus dem Gesichte läßt 1): wird man sich leicht überzeugen, daß nur eine kleine Anzahl von Bösewichtern alle Unruhen veranlasset 2), und daß diese Rotte mit Hülfe des niedrigsten Pöbels, der Verbannten aus allen Ländern, und dem Kerker entlaufener Verbrecher, und durch den Irrwahn, in welchen sie schwache Bürger, oder aufbrausende Köpfe zu verstricken wußten 3), diese unglückliche Revolution gestiftet, welche die wahre Freyheit der Nation eben so empfindlich verletzte, als jene des Königs.

Oder

---

1) Man sehe die Protestation der 287 Mitglieder der constituirenden Nationalversammlung.
2) Mounier appel au tribunal de l'opinion publique.
3) Wie viel Unheil stifteten die Broschüren? Menschen, welche lesen können, sagte Andre Chenier, sind bey weitem nicht so allgemein, als man glaubt.

Oder hat etwa die rebellische Mehrheit der allgemeinen Stände nicht die Freyheit der Nation verletzet, und die Rechte derselben an sich gerissen, da diese ihre eigenen Leidenschaften den allgemeinen Wünschen unterschob, und an die Stelle der väterlichen Regierung eines weisen Monarchen ihre eigene Tyranney auf den Thron setzte? War diese strafbare Mehrheit berechtiget, eine Sache abzuändern, welche alle schriftlichen Aufsätze, welche alle Provinzen einstimmig, wenigst beynahe einstimmig foderten? Und welche Macht konnte den Strom ihrer Mißbräuche aufhalten, und dem Ausbruche des Despotismus, und ihrer willkührlichen Gewalt Gränzen setzen, als dieselbe einmahl sich von ihren Verbindungen eigenmächtig los gemacht hatte 1)?

Um die Völker zu verführen, und ihre Augen durch täuschende Schmeicheleyen zu blenden, spricht diese Versammlung von **allgemeiner Gleichheit** 2); während sie ganz Frankreich zittern macht; von Gerechtigkeit; sie, die noch kein Verbrechen, keine Gewaltthätigkeit bestraft, aber wohl unerhörte Bubenstücke gekrönet, und zum Entsetzen der ganzen gesitteten Welt die schändlichsten Verbrecher in ihren Schooß aufnahm

G 3

nahm

---

1) Der König war gefangen, die Prinzen, der vornehmste Adel, die würdigsten Feldherren und Statthalter exilirt, und die Verschwornen gebothen den Mordbrennern und Banditen, den entlaufenen Soldaten und dem Pöbel der Vorstädte. MOUNNIER l. c.

2) **Allgemeine Gleichheit!** So lange Bedürfnisse und Thätigkeit, Fähigkeiten und Glück verschieden sind — welch ein Unsinn! Und wenn dieser Unterschied gehoben werden könnte, was würde dann wohl aus der Gesellschaft? Auch werden diese Herren, welche nun das Volk durch den leeren Schall einer unmöglichen Sache bethören, nur so lange die Vortrefflichkeit der Gleichheit predigen, als noch etwas zu rauben oder irgend eine Gewalt zu entwinden ist, der sie sich bemächtigen wollen. Die gemordete und unterdrückte gemäßigte Parthey, die zerstörten Pressen der Constitutionsfreunde, die von dem außerordentlichen Ausschusse der Municipalität an Geschmeide, Baarschaften und Wechseln gestohlenen 12 Millionen, welche dieser Ausschuß als sein Eigenthum betrachtet, sind der schönste Commentar über die Gleichheit, welche die Rottirer eingeführet wissen wollen. Eine wahre Gleichheit, die einzige, die möglich, die wünschenswerth ist, und die glücklich machen kann, hängt weder von der Abschaffung des Ranges, weder von einer schwärmerischen Ausgleichung des Vermögens ab, sondern ist ganz allein das Werk unserer gemäßigten monarchischen Regierungsformen, wo der Hohe und Niedere **gleichen Schutz** für seine Güter, seine Betriebsamkeit, seine Person, seine Familie, gleiche Gerechtigkeit bey gleichen Gesetzen, und gleiche Sicherheit gegen jede Art von Gewalt zu erwarten hat: wo den Uibertreter der Gesetze weder Stand, noch Reichthum, noch Partheyung der verdienten Strafe entziehen können.

nahm r⟩! von öffentlicher Sicherheit; da die Zufluchts-Örte des Königs ungestraft von dem Pöbel entheiligt und bestürmt, und die Hausfreyheit der Einzeln jeden Tag durch Untersuchungscommissionen verletzt wird, die Frankreich entvölkern 2), da Meuchelmorde kaum mehr bemerkt, und Magistratspersonen selbst ungestraft getödtet werden 3)? von Duldung; wo die Tempel der herrschenden Religion geschlossen sind, ihre Diener in mancher Provinz in Gefängnissen schmachten 4) oder von der Nationalversammlung selbst verurtheilt werden, aus dem Reiche verbannt zu seyn: wo die Römischkatholischen ohne Lebensgefahr ihre Religion nicht ausüben können, wo man den Muthwillen aufreizt, ihren Gottesdienst zu verfolgen und zu bestrafen, und selbst die Häuser der frommen Frauen nicht verschont bleiben, welche die Religion selbst dem Dienste der Armen widmete 5)? von Freyheit endlich, wo der

König

---

1) Man erinnere sich der Verschwornen vom 5 und 6. October 1789, der Mörder von Avignon, von Nismes, und der von den Galeeren zurück-kommenden Rebellen des Regiments Chateauvieux, der verschiedenen Deserteurs, die mit den Ehren der Sitzung belohnet worden, der Männer vom 10 August, und 2 September, die zum Theil im Nationalconvente sitzen, und bemerke, daß diese Straflosigkeit, diese Belohnung des Lasters planmäßig waren, um ja fortwährend sich dieser verruchten Leute bedienen zu können.

2) Es haben schon verschiedene Schriftsteller, ja selbst unpartheyische Mitglieder von beyden Versammlungen bemerkt, daß die Gewaltthätigkeiten, und die eigenmächtige Verfahrungsart der Ausschüsse der Versammlungen, und Untersuchungscommissionen alles übertreffe, was von despotischen Staaten jemahls gesagt, oder erdichtet worden: aber der neueste Untersuchungsausschuß der Municipalität von Paris, wo nach den letzten Debatten im Nationalconvente, weder die Municipalität, weder der Minister vom Innern die Mitglieder kennen: wo die Mitglieder einander selbst nicht bekannt sind: wo jedes Mitglied das Recht hat, nach seinem Wohlgefallen einen Stellvertreter zu wählen, würde selbst bey dem höchsten Grade von Anarchie unglaublich scheinen müssen, wenn es nicht actenmäßig erwiesen wäre. Und doch glaubte dieser monströse Ausschuß befugt zu seyn, alle Häuser, Zimmer, Schränke zu untersuchen, nach Willkühr jeden Bürger in Verhaft zu nehmen, sich der Papiere, Kostbarkeiten, Baarschaften der Eingezogenen zu bemächtigen, ohne Rechenschaft abzulegen, und seinen Wirkungskreis nicht nur über Paris, sondern über ganz Frankreich auszudehnen. Die Mitglieder des Ausschusses suchen auch nicht diese Verfassung zu läugnen, sondern behaupten diese kleine Gewalt wohl verdienet zu haben, da vorzüglich durch ihre Bemühungen das Reich der Gleichheit gegründet worden.

3) Die Maire von Troye, von St. Denis, von Estampes ꝛc

4) Zu Meaux, Anger, Dijon, in Bretagne, und die Grausamkeiten der neuesten Zeitgeschichte sind bekannt!

5) Die Closterfrauen de la Charité, die grauen Schwestern, wurden gegeißelt, und in Gegenwart der Nationalgarden mit Ruthen gepeitscht, weil sie die Messe eines unbeeideten Priesters hören wollten.

König gefangen ist, alle Ausgänge des Reiches geschlossen sind, mehr als 30000 Municipalitäten das Recht zur Verhaftnehmung haben, und dieses Recht gegen friedliche und unschuldige Bürger so oft misbrauchten, und jedes Mitglied der Nationalversammlung auf seine Unterschrift, ja auf seinen bloßen Wink Französische Bürger in Ketten schmieden lassen kann, wie man dasselbe in Bedford und andern Orten gesehen 1)? Fremde fliehen das schmerzliche Schauspiel eines Volkes in dem Zustande der Anarchie, während die Versammlung selbst als Zeuge, Angeber, Richter und Henker alle Tage nach der Laune ihrer plötzlichen Einfälle die Gefängnisse mit Leuten anfüllt, die ihr zu mißfallen das Unglück haben, oder ihren Absichten in Weg stehen.

Nein, unmöglich kann die Französische Nation mit so vielen Schand-thaten befleckt seyn: dieses unglückliche Volk ist vielmehr selbst das Opfer derselben. Es fühlt es nur zu sehr, daß eine Freyheit ohne Zaum die schrecklichste Geissel, und eine Freyheit ohne Wohlstand kein anlockendes Gutes ist 2) Die Französische Nation war allzeit frey, sie verdient es zu seyn, sie wird es seyn: aber die Unglücksfälle der Revolution haben dieselbe hinlänglich überzeugen können, daß diese Freyheit nur von dem Scepter der Gesetze zu erwarten sey, welche während Jahrhunderten ihr einen so hohen Wohlstand, und einen so ausgebreiteten Ruhm verschafften 3) und Ihre Majestäten werden durch Wiedereinsetzung des

recht=

1) Ganz Europa erfuhr mit Entsetzen die grausame und unmenschliche Mißhandlung, welche zu Orchies in Flandern die Engländerin Madame Nash von Linientruppen und Nationalgarden erfahren muste, obgleich dieselbe mit einem Passe von dem Marschall Luckner selbst versehen war

2) Die Jacobinischen Minister suchen sich durch das Uebermaas der Anarchie selbst gezwungen, diese Wahrheit einzugestehen. In ihrer Proclamation vom 25 Aug. sagen sie: il n'y a plus de liberté ni patrie, ja elle la force prend la place des loix.

3) Seit man in Frankreich an der Constitution arbeitet, hört man beynahe täglich, Frankreich müsse eine Constitution haben. Wie, sagte ein scharfsinniger Tredachier seinen Landsleuten, wir hätten also bis jetzt keine Constitution gehabt? Wir existiren doch seit vierzehn Jahrhunderten: wir erkennen keine Nation in Europa, die vor uns den Rang verdiente: die fremden Reiche sind unserer Industrie zinsbar, und keine Macht wagte es, uns anzugreifen. Wir haben America von dem Joche unserer Nebenbuhler befreyet, und es hing nur von uns ab, den Besitz ihrer Ostindischen Niederlassungen gleichfalls schwankend zu machen. Um unsern politischen Einfluß zu behaupten, dürfen wir nur unsere Verträge mit Holland vollziehen, und vielleicht erwartet die patriotische Partey nichts als unser Loszeichen, um ihr Haupt empor zu heben. Wenn wir uns entschließen

Dann

rechtmäßigen Königs, eines Königs, der die Liebe und das Zutrauen
seiner Unterthanen mit so vielem Rechte verdient, dem Monarchen und
der Nation einen gleich wichtigen Dienst leisten. Und da die Herstellung
der königlichen Würde der einzige Gegenstand Ihrer Wünsche, der
einzige Beweggrund ist, welcher Dieselben bestimmte die Waffen zu
ergreifen, werden Sie gewiß alle treuen Unterthanen Seiner Allerchristlichsten Majestät, welche das Beyspiel der Unterwürfigkeit geben, alle
gute Franzosen, welche durch ihre Mitwirkung in den Departements,
Districten und Municipalitäten auf der Stelle das gesetzmäßige Ansehen
des Königs und die öffentliche Ordnung wieder einführen, durch ihre
Heere beschützen, und keine andere Feinde erkennen, als die Feinde ihres Königs und des Landes selbst, als die Aufrührer, welche sich
erfrechen dürften, die Empörung mit gewaffneter Hand länger fortzu-
setzen 1)

 Ihre Majestäten sind weit davon entfernt, durch Sendung Ihrer
Heere die willkührliche Gewalt in Frankreich einzuführen, Feindschaf-
ten und Privathaß zu unterstützen, welche Leidenschaften das Französische Ehrgefühl dem öffentlichen Wohl aufopfern muß, oder zum Nach-
theil der rechtmäßigen Staatsgläubiger den Ausbruch eines allgemeinen
Bankerottes zu begünstigen. Alle diese Uibel dürfen nicht gefürchtet
werden, und die strenge Rechtschaffenheit und Tugend Seiner Allerchristlichsten Majestät werden gewiß jeden Unterthan dagegen schützen.

Aber

---

könnten, gleich anderen großen Mächten, unsere Ausgaben zu beschränken, würden in
wenigen Jahren die Finanzen wieder hergestellet seyn. Frankreich ist der Mittelpunct
der Künste. Wenn wir alles dieses ohne Constitution geworden sind, kann die Constitution, die man uns geben will, unmöglich ein so wesentliches Bedürfniß seyn, und
wir haben sicher zu übereilt geschlossen, daß wir keine Constitution hätten, weil in der
alten Verfassung, welcher wir so viel zu danken haben, einige Mißbräuche zu verbes-
sern waren. Observations reflechies etc.

1) Declaration troisieme de Son Altesse Serenissime le Duc regnant de Brunswic
etc. du 28. Sept. 1792, wo dieser Entschluß Ihrer Majestäten ungeachtet der letzten
Decrete des vorgeblichen Nationalconventes bestättiget wird, entweder Seiner Allerchristlichsten Majestät Freyheit, Sicherheit, und die königliche Würde wieder zu verschaffen, oder die Rebellen, welche sich dieser Wiederherstellung widersetzen würden, nach
Verdiensten zu bestrafen.

Aber zugleich haben die wahren Freunde ihres Vaterlandes keinen Augenblick zu verlieren, um zwischen der Tyranney des Pöbels und der Herrschaft der Gesetze, zwischen der Unterwürfigkeit und dem Aufruhr, zwischen einer gänzlichen Vergessung der vorgefallenen Irrungen und der Bestrafung eines unverzeihlichen Widerstandes eine Wahl zu treffen. Es hängt von ihnen ab, ihr eigenes Loos zu bestimmen: das Schicksal von Frankreich ist in ihren Händen, und sie allein können entscheiden, ob dieses Reich noch eine blühende Monarchie bleiben, oder in eine wüste Einöde verwandelt werden soll.

Um alles mit einem zu sagen, können Ihre Majestäten die Franzosen nicht nachdrücklicher zu ihren Pflichten, zu den Gesetzen der Menschheit, und jenen der Ehre, die denselben einst so theuer waren, und zu ihrer ehemahligen Anhänglichkeit für ihren König zurückführen, als wenn Sie ihnen die letztern Worte der Protestation des Allerchristlichsten Königs vom 20. Junius 1791 noch einmahl vor Augen halten:

"Franzosen, und vorzüglich ihr Pariser, ihr Bewohner einer Stadt, welche die Könige so gerne ihre gute Stadt von Paris nannten; hütet euch vor den hinterlistigen Vorspieglungen und den Lügen eurer falschen Freunde. Kehret zu euerm Könige zurück. Er wird immer euer Vater, euer bester Freund bleiben. Mit innigstem Vergnügen wird er seine persönlichen Beleidigungen vergessen, und mitten unter euch wieder Platz nehmen, wenn einst die Religion wieder geehrt, die Verfassung gegründet, das Eigenthum und die persönliche Freyheit der Bürger nicht mehr gestöret, die Gesetze nicht länger ungestraft übertreten werden, und sich die Freyheit selbst auf einer festen und unerschütterlichen Grundlage stützen kann.

III. Von der Französischen Revolution in Rücksicht der Fürsten, welche in Frankreich Besitzungen haben.

Unter diesem dritten Gesichtspuncte kann die für Frankreich so unglückliche Revolution noch weit traurigere Folgen haben, durch die empören-

H

pörende Ungerechtigkeit gegen die fremden Fürsten, die entweder in Frankreich begütert sind, oder deren Besitzungen innerhalb der Französischen Gränzen liegen, eine Ungerechtigkeit, welche die Beleidigten nothwendig zwingen muß, ihre Gerechtsame mit gewaffneter Hand zu behaupten. Die Grafschaft Avignon gehörte dem heiligen Stuhle. Sein Eigenthum gründete sich auf einem unumstößlichen Rechtstitel, auf einem undenklichen Besitzstande, wodurch bey allen Nationen selbst der Abgang eines Rechtstitels ersetzt wurde. Die usurpirende Versammlung verband die Grafschaft mit ihrem Gebiethe durch das tyrannische Recht des Eigennutzes und der Convenienz, und als wenn sie von einem Überreste von Gewißen aufgeschreckt ihrer Machthandlung den Firniß der Gerechtigkeit hätte geben wollen, trug sie dem heiligen Stuhle eine Schadloshaltung an.

Allein wenn der Besitzstand des Pabstes rechtmäßig war, hatte man kein Befugniß, demselben sein Land zu entreissen, und wenn man berechtigt war, ihm sein Eigenthum zu entziehen, war keine Ursache zur Entschädigung vorhanden. Die Anerbiethung einer Schadloshaltung ist also allein schon der vollkommenste Beweis der verletzten Eigenthumsrechte I).

Der

---

1) Sehr treffend sind die Bemerkungen eines Fremden an ein Mitglied der constituirenden Nationalvers über das Betragen des Nationalv. in Rücksicht der Grafschaft Avignon. "Vorher, sagt er, thatet ihr mit großem Gepränge auf alle Eroberungen Verzicht, und nun brachten einige Glieder der Nationalv. einen Aufstand in diesem unglücklichen Lande und das mit Hülfe von einigen Räubern zuwege, deren Grausamkeiten kaum in barbarischen Jahrhunderten einige Beyspiele finden. Eben diese ließen einen vorgeblichen Wunsch des Volkes ausstreuen, dem zufolge die Vereinigung der Grafschaft mit Frankreich beschlossen wurde. Ich frage Sie nun, ob man sich einer für alle Monarchen wohl zurückschreckenden Form bedienen konnte? Sie haben durch dieses Beyspiel den Weg aufgestellt und geheiligt, daß ein Volk, ungeachtet der Eide, durch die es an seinen Souverain gebunden wird, sich jedem, dem es will, ergeben kann. So können also die Colonien, oder jene Ihrer Provinzen, welche müde der Anarchie, und der daraus folgenden Unordnungen sind, sich von Ihnen trennen, und eine Vereinigung mit einem andern Staate begehren, dessen Regierung ihnen besser, als die Ihrige scheint. Ich kan Ihnen den schrecklichen Eindruck nicht beschreiben, welchen dieser Entschluß der constituirenden Nationalv. in Rücksicht Avignons erzeugt hat. Jeder glaubte nun in Euch Apostel zu sehen, ausgeschickt Euere Staatsverfaßung zu vertheidigen, und die Völker durch Hofnung der Unabhängigkeit, und der Beraubung der Eigen-

Der Fürstbischof von Basel besitzt in seinem Reichslande Porentrut
einige enge Pässe, welche die Herrschsucht der Versammlung reitzten. Sie
läßt sich derselben mit Gewalt bemächtigen, und verdrängt eine Ab-
theilung von Truppen, welche der Kaiser auf Anlangen des Fürstbi-
schofs den Gesetzen des Reiches gemäß dahin geschickt hatte. Die Frie-
densschlüsse von Münster, den Pyrennen, Breda, Aachen, Nimwe-
gen, Utrecht, Baden und Wien überlassen zwar Frankreich die drey
Bisthümer, Elsaß und Hochburgund, jedoch unter dem ausdrücklichen
Vorbehalte der Gerechtsame und Besitzungen der Reichsstände in diesen
Provinzen, und mit der förmlichen Clausel: daß weder in politischen noch geistlichen Dingen die geringste Abänderung erfolgen sollte.

Es ist offenbar, daß diese Verträge nicht nach der Laune einer usur-
pirenden Versammlung verdrehet werden dürfen, und daß wenn dieselbe
auf Vollstreckung der Bedingungen bestehet, welche ihr vortheilhaft sind,
sie diejenigen nicht verwerfen kann, welche sie ihrem Interesse nachtheil-
lig glaubt. Es ist offenbar, daß die Versammlung entweder die Provinzen, welche der Crone Frankreich abgetreten worden, an das Deutsche
Reich zurückstellen, oder die Bedingungen genau erfüllen muß, unter
welchen diese Abtretung geschehen ist.

Nun sind aber die Decrete von der Trennung der Kirchensprengel,
von der Abstellung der Metropolitanrechte, die Abschaffung der Lehns-
herrlichkeit, die Unterdrückung verschiedener Eigenthumsrechte mit oder
ohne Entschädigung, die Vernichtung der Territorialgerichtsbarkeit, der
Verkauf der geistlichen Güter dem Westphälischen Frieden, und den

$\mathfrak{H}$ 2 späte-

der Eigenthümer und reichen Leute zur Empörung und Vereinigung mit Euch zu bewe-
gen. Diese Idee fand noch um so mehr Eingang, als Ihr zur nähmlichen Zeit die Bewegungen in dem Fürstenthume Porentrut zu Stande brachtet, und ohne Zweifel den
nähmlichen Erfolg wie in Avignon gehabt hättet, wenn nicht die Oesterreichischen Truppen dazwischen gekommen wären. Dieß ist wahrlich eine sonderbare Art, der gemachten Erklärung auszuweichen, auf alle Eroberungen Verzicht zu thun. Diese Art zu er-
obern ist bey weitem schrecklicher und barbarischer als jene durch die Waffen, und nie
hat ein Krieg, wenn nicht etwa allein unter den Wilden, so viel schauernde Scenen
verursachet, als Euere Eroberung von Avignon. II. Brief.

späteren Verträgen förmlich entgegen, und verletzen die politischen und geistlichen Rechte, welche durch die gemachten Abtretungen auf ewig vorbehalten wurden. Die Abtretung und der Vorbehalt sind also gleich wesentliche Stücke der Friedensunterhandlungen, und da die Theile eines Vertrages so genau zusammenhängen, daß sie nicht von einander getrennet werden dürfen, und folglich entweder ganz vollstrecket, oder ganz vernichtet werden müssen, so würde die Versammlung durch Verletzung des Vorbehaltes auch die Abtretung der Provinzen vollkommen ungültig gemacht haben, wenn nicht alle Machthandlungen dieser Versammlung ihrer Natur nach ungültig wären, und die Dekrete derselben der Nothwendigkeit weichen müßten, in welcher Frankreich sich befindet, gerecht zu seyn, den geheiligten Gerechtsamen des Deutschen Reiches nicht zu nahe zu treten, und die Würde der einzelnen Glieder desselben nicht anzutasten.

Allein Ihre Kaiserliche und Königliche Majestäten sind wohl überzeugt, daß Seine Allerchristlichste Majestät, wenn Sie ihre vorige Macht wieder erlangt haben dürften, sogleich bemühet seyn werden, die verletzten Fürsten in ihr voriges Recht und Eigenthum wieder einzusetzen, dieselben für den erlittenen Schaden und die vorenthaltene Nutznießung der Zwischenzeit schadlos zu halten, und durch diese Gerechtigkeitshandlung die Bande der Eintracht, welche seit so langer Zeit zwischen dem Teutschen Reiche, und Seiner Allerchristlichsten Majestät bestehen, noch enger zu knüpfen. Anstatt daß also die Verletzung der in Elsaß begüterten Reichsstände eine rechtskräftige Ursache wäre, den König von Frankreich mit Krieg zu überziehen, ist dieselbe vielmehr ein Beweggrund mehr, diesen Monarchen in seine alte Würde wieder einzusetzen, um von ihm Gerechtigkeit zu erlangen 1).

Von

---

1) Sind die Stände des Deutschen Reiches verbunden an dem gegenwärtigen Kriege Frankreichs gegen den König von Hungarn und Böhmen Theil zu nehmen? von Franz Joseph Linden. Mainz 1792,

IIII. Von der Französischen Revolution in Rücksicht aller Völker.

Allein der vorzüglichste Gesichtspunct, unter welchem Ihre kaiserliche und königliche Majestäten die Französische Revolution zu betrachten haben, ist die Wohlfahrt aller Völker, die Erhaltung der Ruhe von ganz Europa. Umsonst sucht eine Versammlung, die sich des Nahmens der Französischen Nation anmaßt, die übrigen Staaten durch eine prunkvolle Verzichtleistung auf Eroberungen zu beruhigen, wenn dieselbe die Länder ihrer Nachbarn für die vorgebliche Freyheit gewinnen will. Unter allen Arten Krieg zu führen, ist für friedliche tugendhafte, und glückliche Völker unstreitig die schrecklichste, denselben Aufruhr zu predigen, sie zur Empörung zu reitzen, ihren Geist zu verblenden, ihre Sitten zu verderben, sie durch Beyspiel und Verführung an Verbrechen zu gewöhnen, und unter dem Vorwande sie glücklich zu machen, die Rache des Himmels, und die Gerechtigkeit ihrer Souveraine auf ihre schuldigen Häupter zu setzen. Ehrgeitz eines Eroberers hat seine Gränzen, und oft ist es hinlänglich, dessen Entwürfe zu kennen, um dieselben zu vereiteln. Aber die Gefahren eines systematischen Entwurfes von Anarchie, welcher zur Absicht hat, alle vorhandenen politischen Gesellschaften zu zerstören, sind zahllos und unübersehbar, und die Souveraine können zum Besten ihrer Unterthanen nicht frühe genug den Fortgang desselben aufhalten, um das Uibel in seiner Quelle zu ersticken. Den Völkern selbst würde es sehr theuer zu stehen kommen, wenn sie nur einen Augenblick versucht würden, sich von dem Irrwahne hinreissen zu lassen, daß ihre Wohlfahrt von jener ihrer Fürsten getrennet werden kann. Man muß eilen, diesem Irrwahne zuvorzukommen und die Verbrecher zu bestrafen, welche sich zum Untergange der Wohlfahrt aller Staaten verschworen haben. Wenn über die sträflichen Entwürfe der Versammlung noch der geringste Zweifel übrig bleiben könnte, müßte dieser durch Angriff und Uiberfall der Niederlande, und durch den Plan überzeugend gehoben werden den ein populairer Minister, der das ganze Vertrauen der Versammlung besaß, selbst bekannt machte, und der darin besteht, Das Feuer des Aufruhrs bey allen Völkern anzuzünden 1). Ein so barbarischer Grundsatz verräth

die

H 3

1, Aber noch weit sichtbarer wird das heimtückische Eroberungssystem der Verschwornen durch den neuesten Vorfall mit Savoyen, und die laute Sprache der Häupter derselben, als einige Mitglieder des vergeblichen Nationalconventes sich auf die decretirte Verzichtleistung aller Eroberungen beriefen, und von der Einverleibung Savoyens, als 84. Departements nichts wissen wollten "Ich unterstütze, sagte in der Sitzung vom 27. September der Hauptanführer der Rotten vom 10ten August und 2. September, der Jacobinische Exminister Danton, ich unterstütze den Vorschlag, die ganze Streitfrage an den diplomatischen Ausschuß zu verweisen um so mehr, da der angeführte "Grund

die feige Herrsucht der Versammlung, beleidigt alle Völker, und ist die Sturmglocke gegen alle Könige. Uiberdieß kann eine mächtige Nation ohne die größte Erschütterung des Ganzen nicht von der Oberfläche des Europäischen Staatensystems verschwinden. Das allgemeine Gleichgewicht unter den Mächten, dieses Werk ihrer Weisheit, das mit ihren Schätzen und dem Blute ihrer Unterthanen erkaufet worden: das durch das allgemeine Wohl dem Ehrgeitze Einzelner Gränzen setzt: das die Eintracht mitten unter sich durchcreutzender Leidenschaften und verschiedenen Interessen aufrecht hält: das durch die Kunst der Unterhandlungen Streitigkeiten fast immer endigt, die sonst Ströme Blutes gekostet haben würden: dieses Gleichgewicht fodert zum Besten aller Europäischen Reiche, daß ein Staat von der ersten Größe wie Frankreich sich nicht selbst zerstören, oder den politischen Verbindungen entziehen könne, welche bey de Uibel bey der Fortdauer der gegenwärtigen Anarchie nothwendig erfolgen müßten. Denn die Decrete, welche dem Könige das Recht des Krieges und des Friedens entzogen, brachen zugleich alle Verträge, die Seine allerchristlichste Majestät mit allen übrigen hohen Mächte verbanden. Oder gilt es nicht gleich viel, ob sich die Versammlung des Rechtes anmaßt, die vorhandenen Verträge nach Willkühr zu verwerfen, oder ob sie berechtigt zu seyn glaubt, den König nach ihrer Laune der Mittel zur Vollstreckung derselben zu berauben 1)? Und kann noch irgend eine politische Verbindung mit einer Nation statt haben, die nur jene Bündnisse anerkennt, welche sie für die augenblicklichen Umstände vortheilhaft hält, und welche öfter ihre Bundesgenossen bereits auf-

---

„Grundsatz (keine Eroberung machen zu wollen) vielleicht einige Beschränkung „nöthig haben wird. In dem nähmlichen Zeitpuncte, als wir verbunden zu seyn glau„ben, allen Völkern die Freyheit zu schenken, müsset Ihr ihnen auch zugleich „sagen: Ihr dürft keine Könige mehr haben, denn so lange ihr von Tyrannen um„geben seyd, könnte ihre Verbindung Euere eigene Freyheit in Gefahr setzen. Als „uns die Französische Nation hieher sandte: erschuff sie einen großen Ausschuß „der allgemeinen Empörung aller Völker; durch Erfüllung unserer Bestim„mung wollen wir den Grundsatz (einer allgemeinen Empörung) reif werden laßen, „und unsere Entscheidungen (etwa keine Eroberungen zu machen) nicht übereilen Ich „begehre die Verweisung der Streitfrage an den diplomatischen Ausschuß Hier ist aus dem Moniteur universel 19. Septembre 1792 die höchstwichtige Originalstelle: „Danton. Je appuie la proposition du renvoi au comité avec autant plus de raison, que le principe, qu'on vient d'enoncer, paroitra peutetre susceptible de quelque restriction. En meme tems, que nous devons donner aux peuples voisins la liberté, vous devez leur dire: vous n'aurez plus de roi: car tant, que vous serez entouré de tyrans, leur coalition pourra mettre votre propre liberté en danger. En nous deputant ici, la nation françoise a cree un grand comitté d'insurrection generale des peuples: en remplissant notre mission, murisions le principe, et ne precipitons pas nos decisions. Je demande le renvoi au comitté diplomatique.
1) Constitution Françoise.

aufgegeben hat, während diese verpflichtet zu seyn glauben ihre Verbindlichkeiten zu erfüllen.

Ein König ohne Gewalt, eine Nation ohne Heer, oder was eines und
dasselbe ist, mit einem Heere ohne Unterordnung und ohne Zucht sind für ihre
Nachbarn, und noch mehr für ihre Bundesgenossen, nur eine erloschene Macht.
Und doch hängt die Ruhe von Europa wesentlich von der Vollziehung der
zwischen den verschiedenen Souverainen geschlossenen Verträge ab, und die
Verträge selbst von der Aufrechthaltung der Grundverfassung der Staaten,
welche daran Theil haben.   Die Verrückung, ja noch mehr die gänzliche
Vernichtung eines Gegengewichtes in der politischen Wagschaale würde die
Ruhe von Europa stören, und alte Streitfragen, aufgegebene Ansprüche
wieder rege machen, die durch die außer Kraft gesetzten Verträge bereits entschieden waren, und deren neue Erörterung der Menschheit vieles Blut, viele
Thränen und viel Wehklagen kosten dürfte.   Nur der Weisheit der Souveraine kömmt es zu, so großen Unglücksfällen zuvorzukommen, und bloß aus
dieser Rücksicht halten sich J.J.K. u.K.MM. verpflichtet, für die allgemeine Ruhe
u. Sicherheit von Europa, für die besondere Wohlfahrt ihrer Völker, für das wahre Interesse von Frankreich selbst die Waffen zu ergreiffen, um die gänzliche
Auflösung der Französischen Monarchie aufzuhalten, und den Samen eines
Empörungsgeistes zu zerstören, welcher unaufhörlich alle Souveraine und alle
Völker in Gefahr setzen würde.

Aber zu gleicher Zeit, da Ihre Majestäten den Gesetzen der gemeinschaftlichen Ehre aller Cronen, und dem wirklichen Interesse aller Völker gehorchen,
erklären dieselben ganz Europa, daß Sie in diesem gerechten Kriege nicht die
geringste persönliche Vergrösserung zum Endzwecke haben, sondern vielmehr
ausdrücklich darauf Verzicht thun, und ganz Frankreich, daß Sie nicht gesinnet seyen, sich einen Einfluß in die Verfassung zu verschaffen, oder sich in
die innere Verwaltung zu mischen, aber daß Sie fest, und unerschütterlich
entschlosser seyen.

Die Ordnung und öffentliche Sicherheit in diesem Reiche herzustellen:

Die Personen, und das Eigenthum aller derjenigen zu beschützen, welche
sich dem Könige als ihrem rechtmäßigen Herren unterwerfen werden:

Auf

Auf eine unvergeßliche Art jeden bewaffneten Widerstand zu bestrafen:

Falls dem Könige oder der Königinn oder der königlichen Familie die geringste Beleidigung geschehen sollte, Paris einer abschreckenden und furchtbaren Strafgerechtigkeit, und einer gänzlichen Zerstörung zu überliefern, wenn diese Stadt nicht ihre vorigen Fehltritte bereuen, und durch augenblickliche Befreyung Ihrer allerchristlichsten Majestäten, und Herstellung der alten Ehrfurcht und Würde die gnädige Vermittlung Ihrer kaiserlichen und königlichen Majestäten zur gänzlichen Begnadigung verdienen würde:

Endlich dem Könige vollkommene Sicherheit zu verschaffen, daß er sich in eine benachbarte Gränzstadt begeben, und dort um sich her seine Familie und die Prinzen seine Brüder versammeln könne, bis Seiner Allerchristlichsten Majestät das Vergnügen zu Theil werde, Seiner Würde gemäß in die Hauptstadt zurückzukehren, und daselbst der Wonne zu genießen, die vorigen Unthaten Ihrer Unterthanen bereuet und diese mit neuen Wohlthaten überhäufet in Besitz eines wahren Glückes, einer wirklichen Freyheit, und daher einer gänzlichen Unterwürfigkeit gegen Seine oberste Macht zu sehen.